電影裡的人權關鍵字

第六十九信
Letter #69

目錄 ————▶

【序】

　　國家人權博物館與富邦文教基金會合作出版《電影裡的人權關鍵字》。這份冊子是由我們籌組編輯委員會，精選影像內的 10 個關鍵字，邀請寫手撰寫相關內容。與一般條目或是名詞解釋的形式不同，關鍵字傳遞的訊息，並非只是資訊的整理，它呈現一種觀點，是我們認為推動人權教育，看待事情的角度，因此，關鍵字，是人權影像教育的一個新的嘗試，也是「媒體行動主義」的具體實踐。

　　當代社會快速攝取資訊的習慣以及緊湊的生活，讓我們不易關注與我們生活遙遠的事物，然而影像的優勢，讓我們在觀賞電影的當下，跨越時間、空間的限制，與影像的內容產生共感。人權館多年來一直嘗試透過影像進行人權教育，因為我們相信我們與影像的關係，不只存在於觀看影像的空間，若能將影像的影響，傳遞到我們的日常生活，則影像在社會中可以發揮不容忽視的改變。以《島國殺人紀事》為例，導演蔡崇隆透過紀錄片，說明蘇建和、劉秉郎、莊林勳三人在檢警調查、司法審判中所遭遇到的種種不合理，在漫長的冤案救援，這部紀錄片是一個最好的敘事，發揮重要的影響力。

　　關鍵字與人權館每年舉辦的國際人權影展有關。2019 年的影展是新的嘗試，我們在選片的時候，有意識地思考除了做影展，如

何將這些電影與教育現場結合，在這個脈絡下，我們產出了關鍵字手冊。手冊被賦予教學素材的意義，除了搭配電影可以做為老師上課的補充知識外，我們也期待每部電影選出的 10 個關鍵字，可以成為單篇閱讀的文章，讓老師以及學生可以在 4000 字左右的篇幅，瞭解什麼是人權、轉型正義等。例如《第六十九信》中的〈韓戰〉，過去大家為了理解韓戰，除了課本提供的知識外，必須仰賴網路資源或是學者專家的論文，現在我們蒐集、消化，並以相對清楚易懂的文字，將韓戰呈現出來，同時也是最重要的是每個關鍵字都有相應的提問以及教學提示，輔助老師的教學，相信對於影像結合人權教育有所幫助。

　　《電影裡的人權關鍵字：第六十九信》作為第一本出版的關鍵字手冊相當難能可貴，畢竟白色恐怖的研究汗牛充棟，如何選擇關鍵字已經不容易，加上要找到合適的寫手更為艱難，因此我要特別感謝編輯小組以及寫手的耐心，願意投入長時間的精神，推廣人權教育。也特別感謝富邦文教基金會，願意支持關鍵字手冊的計畫，將「媒體行動主義」化為可以被實踐的目標。希望這本書不只是開始，更能成為未來人權影展與教育現場結合的最佳典範。

國家人權博物館 館長

【導讀】
難以成為歷史的人

文／史惟筑

人們死去後成為歷史；雕像死後成為藝術。

──《雕像也會死亡》

有沒有可能人們死去後沒能成為歷史？

如果有，是否因為我們不知道他們死去之後，在哪裡？

1953 年，法國導演亞倫・雷奈（Alain Resnais）與克里斯・馬克（Chris Marker）接受人類博物館的邀請拍了《雕像也會死亡》（Les statues meurent aussi）這部影片，拍攝動機源自一個看似簡單的提問：「為什麼古希臘與埃及藝術進了羅浮宮，而黑人藝術卻被放進人類博物館？」然而，用來回應這個問題的答案竟卻遭致長達

十年的禁演。影片抨擊了法國殖民主義與種族主義替文明劃分了位
階，人們不以藝術作品的價值做為「去哪裡」的判準，而是單看它
們的出身。「去哪裡」成為影片指向性的浮標，去與不去伴隨著層
層疊疊的問題意識與政治判准，以及文化選擇的政治路徑及文明死
亡過程。

　　《第六十九信》所欲處理的問題意識縱然與《雕像也會死亡》
不盡相同，但後者的提問與觀點，特別是誰被決定去哪個博物館，
以及用一種近似挖苦卻又一派正經的旁白口吻，在影片一開頭便註
解歷史與藝術成形的法則，進而對照出《第六十九信》殘酷的真相：
沒能成為歷史的人，哪也去不了。受難經驗的停滯形態需要「動詞」
去跨越無法以歷史安魂的障礙，於是《第六十九信》提出了一則邀
請與回應。

　　大部分台灣二二八、白色恐怖政治受難者的歷史記憶工作，
首先面臨的難題並不是他們該「去哪裡」（該被安置在哪一種空間、
形式），而是被「在哪裡」這更為複雜的命題所制肘。如果我們把
「在」作為抽象的動詞概念，放在空間與時間的軸線上，前者在受
難者個人、與他者關聯兩種生命型態上取徑，後者則在過去與未來
對生命進行兩次叩問。以空間來思考，「在」首先試圖探問個人生
命路徑：他們曾在哪裡工作、生活？曾在哪裡遇見誰？在哪裡被

抓？在哪裡受難？我們得知這些故事後，才有辦法讓他們成為歷史，也才有條件思索歷史要以什麼樣的形態與目標「去哪裡」。其次，將受難者與他者關聯，則是希望「在」能勾勒不同圈層的地緣政治景觀：團體與社會、社會與國家、國家與國際。這是希望了解受難者所屬的（政治或非政治）團體身處何種社會氛圍？這個社會，又被何種國家體制形塑？從國際關係的角度，該國家在世界政治角力中，又分屬哪個陣營？

從時間維度來看，上述兩種生命形態的空間概念是立基於過去時間，而「在」也需要於生命結束之後進行第二次探問。政治受害的倖存者，得以親自建構「在哪裡」的歷史證言，也可以自身存在，牽引數道在歷史與當代社會間相互拉扯的觀察。然而被處以極刑的人，其經驗與記憶要如何在生命之後獲得延續，則面臨困難且困窘的雙重難題。「施水環」三個字便是一道讓人感到困窘的歷史難題。大部分的人不曾聽過她，誠如大部分缺少證言、歷史文件或「英雄式」受難經歷的大部分受難者一般，是死去後難以成為歷史的人，讓「在哪裡」成為歷史前後安置上的難處。

不似《雕像也會死亡》中人死後便能成為歷史這般理所當然，於是，原本在成為歷史或藝術之後該去哪裡的路線問題，在「是否成為歷史」都無法確定的前提下，路徑順序出現了差異，「去哪

裡」反倒成為有能力解決難題的引線與動能。當代台灣人一肩扛起責任，決意將受難主體先置入人權與歷史正義的向度，再努力尋找歷史書寫與創作的方法。「在哪裡」也順勢成為指引記憶所能、所繫之所的座標，並從個人與他者的空間維度中另闢蹊徑。

　　六位作者所提出的十個關鍵字，拓鑿了通往施水環的生命路徑，提供個人生命「在哪裡」的歷史線索。《第六十九信》中的施水環除了是她自己，更作為其他受難魂的共同體，因此這些關鍵詞除了作為施水環遇難前的生命線索，也牽引出其他共同的受難經驗與狀態。「施水環」、「丁窈窕」、「郵電工作委員會」令我們一窺曾出現在施水環身邊的人與事；「窩藏匪諜」、「獄中書信」、「辦事清明的法官」則在歷史書寫之中揭露無論是在實質（監獄、窩藏處）或抽象空間（戒嚴體制）中，身體因禁的暴力經驗；「學生工作委員會」、「韓戰」則將國家暴力置入世界政治角力競逐的地緣政治脈絡，理解當時台人的理想與拼搏；而即便「女性政治受難者」與「六張犁墓區」代表生命的消逝，卻不駛向終結。至少，當代歷史與影像工作者努力不讓它們成為終結之所。

　　於是，生命在消逝之後得以續存，是這些書寫組成的樂譜，讓閱讀文字後敲響的樂音，讓原本無法成為歷史的存在，在一篇又一篇的章節中，停留、駐守、再啟程。生命終結後所進行的第二次

叩問，是讓文字為受難者曾經「在哪裡」定錨，再藉由篇章之間所
交錯的聲響音迴，讓過去成為未來；不只能成為記憶在永恆的當代
中駐留，更能再度啟程，去到更遠的可能。如，《第六十九信》。

　　它是導演為施水環最後一封未完書信所勾勒的思念，也是向
她道別的禮物。歷史縱仍留下諸多遺憾與悵然，道別的言語卻在想
像與探索間，讓歷史的未竟之業開展出深邃無垠的記憶星河：該如
何記憶你？是否這般記述他？在朝向你的模擬姿態中，伸手即能撫
觸被掠奪自由的傷？藝術提供一處安置之所，照亮隱跡的溫柔與意
念。歷史或許無法翻轉，但美學始終可以想像，讓曾失去黑夜白晝
與我們的共在，至此成為影像上永恆綻放的光點，實現那則施水環
交予丁窈窕的祝願，也是我們為所有受難者祝禱時的信念：「祝你
就像無雲天空中的星星／永遠不會消失／並永遠美麗」。

施水環

文／溫席昕

教學提示：

❶《第六十九信》主角施水環之案件及獄中遭遇

參考資料：

盧兆麟等口述、胡慧玲、林世煜採訪記錄，《白色封印：人權奮鬥證言：白色恐怖1950》，國家人權博物館籌備處，2003

李禎祥，〈施水環的家書：承載白色恐怖悲歌〉，《新臺灣週刊》，609，2007

李石城，《鹿窟風雲：八十憶往：李石城回憶錄》，白象文化，2007

曹欽榮、鄭南榕基金會，《流麻溝十五號：綠島女生分隊及其他》，書林出版，2012

曹欽榮，〈願上帝保佑！施水環獄中家書的信仰訊息〉，《台灣教會公報》，3182，2013

蘇瑞鏘，《白色恐怖在臺灣：戰後臺灣政治案件之處置》，稻鄉，2014

吳麗水等叛亂案，國防部軍法局檔案，檔案管理局收藏（檔號：B3750347701/0045/3132446/446）。

　　1954 年因涉叛亂案被捕的施水環，生於 1925 年的臺南市西區，家中有八個兄弟姐妹。母親嫁入施家續弦時，家裡已有先妻留下的四男一女，稍晚才出生的施水環、弟弟施至成與他們的二姐則是同母所出。施水環的母親雖不識字，但在養育子女與操持家務間，仍抽空與施父學習醫理，施父過世後，也成為地方上頗有名望的接骨醫生。

　　經過了戰爭期間的顛沛與混亂的戰後初期，1948 年間，25 歲的施水環已在臺北謀職，進入「臺灣省郵電管理局」（簡稱郵電局）工作。此時，弟弟施至成也考取臺灣大學農學院（一說為植病系），北上求學。據受難者張滄漢回憶，當時他與施至成、來自路竹的吳東烈三人同為戰前臺南第二中學校的畢業生，而後一起負笈北上進入臺大。初入學時，曾有一段時間暫居施水環的郵電局宿舍，位置就在現金山南路、臨沂街口，也在這時，認識了同樣自臺南北上打拼的丁窈窕（1927 － 1956）。 ▼ 參考：〈丁窈窕〉

　　1947 年二二八事件過後，中國共產黨在臺地下組織「臺灣省工作委員會」（簡稱省工委）急速的擴張，而 1949 年下半年開始，當局則陸續展開許多次大規模的逮捕行動，待到 1950 年初，施水環所任職的臺灣省郵電管理局也爆發了「臺灣省工委會郵電總支部計梅真案」，包含郵工補習學校的國語老師計梅真、錢靜芝，以及

當時郵電管理局的同事共 35 人因此案遭到判刑。 參考：〈郵電工作委員會〉

　　這樣風聲鶴唳的年代，施家姐弟在臺北相互扶持直到 1951 年底，尚未完成學業的施至成，也因牽涉「臺大工學院支部」開始逃亡，最後躲到施水環的電信局宿舍，藏進天花板裡長達兩年餘的時間。 參考：〈學生工作委員會〉、〈窩藏匪諜〉 1954 年 7 月 19 日，施水環因受「臺南郵電支部案」的牽連於臺北被捕，同事方玉琴緊急僱車將藏在宿舍裡的施至成送離，是時施至成的表哥陳清鈺也在臺北工作，施至成於是躲到了其位於中山北路的住處，兩天後又自行離開。7 月 21 日深夜裡，施至成出現在臺大好友林粵生的居所，天亮後展開遙遙無期的逃亡，至今下落不明。在施至成離去前，林粵生向同事湊了 50 元給施至成，為此，林粵生繫獄 15 年。

　　而 7 月爆發的「臺南郵電支部案」，包含施水環在內陸續拘捕、約談、監禁了 51 人，其中包括早在 1948 年底請調回臺南的丁窈窕，原來，當局認定丁窈窕曾透過施水環的介紹，參與多次叛亂集會。1954 年 10 月，案件送入保安司令部軍法處審理，案內在押的施水環與抱著女嬰的丁窈窕等人，也一起進入軍法處看守所候審。這時，施水環才終於能在失聯兩個多月後寫信回家報平安，此後，她大約每週寄出一封家書與家人保持聯繫，直到 1956 年 7 月 24 日執行槍決前，一共寄出了六十八封家書。

同樣因「臺南郵電支部案」入獄的林粵生，在被捕前就常往來臺南施家，出獄後方能前去探視他們的二姐與年邁的施母，才知道施水環已在多年前遭槍決，而施至成則只剩「失蹤」兩個字註記在戶口名簿上。施母後來將施水環的部分遺物託給林粵生保管，包含施水環、施至成的一些照片，以及一本施水環在軍法處看守所時期使用的筆記本。解嚴後，白色恐怖平反的風氣漸盛，相關的檔案也隨之出土，2002 年林粵生遂將這批資料提供給白色恐怖綠島紀念園區，關於施水環姐弟的故事才讓研究者得略窺其貌。

●臺南郵電支部案

施水環涉入的「臺南郵電支部案」，在官方檔案的全稱為「臺灣省工委會臺南市委會郵電支部吳麗水等案」，於 1954 年 7 月間由臺灣省警務處刑警總隊偵破。此案在當局眼中，視為 1950 年「臺灣省工委會郵電總支部計梅真案」之遺緒，惟仔細檢視判決書則可以發現，臺南郵電支部案所列被告與犯罪事實，應可再區分為兩個區塊，一以吳麗水、丁窈窕、雷水淥為核心，在臺南著手發展的省工委郵電支部以及其他地下活動；另一則是以施至成的逃亡為核心，追究親友們的「知匪不報」與「藏匿叛徒」。▼ 參考：〈窩藏匪諜〉

這份判決書中提到，施水環在 1948 年間曾與丁窈窕一同參加「朱毛匪幫」的外圍組織「臺灣青年民主協進會」，多次聚會、議論時

事。1948 年底丁窈窕回到臺南後持續進行地下活動，隔年復經施水環的介紹，認識了其他「叛徒」邱奎壁（1950 年判決 10 年徒刑）、翁文禮（1955 年判決死刑），並參加叛亂集會多次。

　　而施至成的官方紀錄則是「1952 年 1 月間經政府逮捕時脫逃」後，先暫居施水環同事郭傳峰家中約 1 個月，郭並給了施至成 100 元，為此郭傳峰繫獄 15 年；同年 2 月，施至成躲進施水環的宿舍，直到兩年多後施水環因「臺南郵電支部案」被捕。協助施至成僱車的同事方玉琴、曾收留施至成兩日的表哥陳清鈺，皆為此獲判 13 年有期徒刑；施至成在臺大的朋友張滄漢、葉子燦，被指曾在施水環藏匿施至成期間前往宿舍探視，也因「知匪不報」判 7 年徒刑。而藏匿弟弟長達兩年的施水環，因同時被指控從事叛亂，遭判死刑。

　　現階段關於「臺南郵電支部案」偵辦、審理的檔案幾乎付之闕如，受難者證言方面，李禎祥曾引用本案受難者雷水淥（遭判 15 年徒刑）的說法，認為本案實屬構陷。其實情應是緣自於一個愛慕並追求施水環的男子，因丁窈窕曾勸施水環與之保持距離，而對其懷恨在心，寫信到保安司令部檢舉丁窈窕為匪諜，但這封信卻在臺南郵局遭吳麗水攔截焚毀。因吳麗水供稱曾焚毀過檢舉信，所以最後記載在本案判決書裡的是，1950 年 3 月吳麗水藉職務之便截留

檢舉丁窈窕、施水環二人為「匪諜」的信函，以掩護同黨叛亂工作。儘管如此，施水環在此案中以「意圖以非法之方法顛覆政府而著手實行」為判決死刑的理由，仍然十分牽強。 ▼ 參考：〈丁窈窕〉

　　而判決書中談到的施、丁二人在 1948 年間曾參與「臺灣青年民主協進會」，很可能是指戰後開設在臺灣省郵務工會下的郵工補習學校（即國語學校），或是該補習學校的同學會。郵工國語學校由當時郵務工會理事長陸象賢主持，開設於 1946 年 9 月，以類似補習班的經營方式，一天一個鐘頭，為郵電管理局、臺北郵局、電信局的臺籍員工補習國語文，以協助他們在戰後初期的語言轉換。1948 年 3 月，在國語學校教師計梅真、錢靜芝的鼓勵下，同學們組成了「補習班同學會」，並於次月起發行同人刊物《野草》，用以在簡短的課程時間之外，分享、交流國語文學習心得。《野草》的內容皆由補習學校同學們供稿，偶因應時節舉辦徵文活動，每期約印刷一百多份，讀者也多以補習學校同學為主，直到 1949 年 8 月 20 日發行了最後一期，一年四個月期間共發行了 29 期。

　　施水環也曾投稿《野草》。1948 年夏天，施水環以〈母親〉為題，向母親孜孜矻矻的身影致敬。寫下這篇文章時，施母已年過六旬，施水環離母北上謀職，對故鄉寡母的擔心溢於言表，而這樣的情感也充分表現在施水環那六十八封家書中。在與施家親人尚未

取得聯繫的現在，施水環〈母親〉一文，以及施水環在軍法處看守所留下的筆記，就是僅能接近施水環其人其事最直接的史料。

●軍法處看守所

　　位於臺北市青島東路三號的保安司令部（1958 年後為臺灣警備總司令部）軍法處看守所，幾乎是所有非軍人政治受難者的必經之地。當情治單位認定案件偵辦已告一段落後，就會將案件送交軍事審判單位，通常是保安司令部軍法處，而案內在押人則同時送進軍法處看守所候審。施水環於 1954 年 7 月 19 日遭捕，10 月 1 日進入軍法處看守所，10 月 3 日寫下第一封家書回家。許多受難者的共同經驗是，在進入軍法處看守所以前，幾乎無法與親人聯繫，在被迫失聯的情況下，也曾有親屬為了打聽下落、打通關節而產生額外花費的情況發生。

　　施水環的筆記本中，除了她的一些中、日文手記之外，收錄了施水環因於軍法處看守所時的六十八封家書，估計是施水環先寫在筆記本裡，再抄錄於信紙上。這些信件的收件人大多是母親和二姐，也曾與二姑母聯絡，施母在女兒被捕之後曾短暫北上尋女，或許就是住在二姑母處。

　　拘留在看守所期間，往來的信件都必須被檢查，而且不能談
及案件的內容，所以施水環的家書裡，未曾談到自己如何因案被
捕，也未談到弟弟的情況，甚至連與朋友丁窈窕一同關押等都沒有
提到；施水環只能常在信裡安慰母親道：「我們期待辦事清明的法
官給無辜的我們澄清這次遭遇的災難，我們是個善良的老百姓，我
們的一輩子是不敢做違背政府的法令的事。」（第 2 信）、「待辦
事清明的法官使無辜的我們，澄清我們的遭難，快一天使我們回復
自由」（第 4 信）、「曾經我們沒有做過虧心事，所以我相信有一
天一定會水落石出，得以回復自由，俾盡人子之責，孝順您老母⋯
待辦事清明公明正大的法官來解決無辜的我們的災難。」（第 6 信）
如上，施水環多次寫到「辦事清明的法官」，這一方面是安慰親人，
一方面或許也在對執法者聲聲呼喚，白色恐怖時期執法人員的角色
對普通百姓來說相當模糊，許多政治受難者都有混淆法官、檢察官
甚至司法警察的情況，施水環也不例外，在第 35 信中寫道：「跟
著郵包寄來的信因為要檢查，還擱置法官那裏，再過一兩天我一定
會接到的。」　▼參考：〈辦事清明的法官〉

　　也由於檢查機制，施水環的家書中，除了表達對母、姐及故
鄉的思念外，更時常藉之請求家人寄些食物、藥品、生活用品如水
杯、毯子甚至書籍等，雖然偶有物品被看守人員佔為己有的情況發
生（張金杏證言），但施母仍時時為愛女準備豐盛的食物，包括水

果、肉鬆、魚鬆、麵茶等,甚至生雞蛋都寄了許多次。此外,施水環偶而也要求寄來女紅材料如繡線、毛線、布料等,希望在押期間也能為親友縫製些織品,也曾為難友和難友的孩子裁衣,施水環的好手藝因此受到看守人員的注意,她說:「有一位班長要我織他孩子的毛線衣,有時下去衣服工廠幫忙釘扣子。…媽媽和家人要織毛線衣的話,可以寄尺寸和毛線來給我織。」(第 5 信)

軍法處看守所為求紓解財政壓力,在 1955 年間設置洗衣、縫紉等工廠營利,許多在押人都有在工廠裡工作的經驗。曾與施水環一起在縫紉工廠工作的張常美曾回憶道:「那時候我們可以出來大廳車、縫衣服,大家都想出來,關在裡面很痛苦,出來車衣服較自由,可以講話。」施水環在中期後的信件裡,也常提到「每天的縫紉工作很忙,而且還要寫國父遺教的讀書心得」(第 21 信)、「縫紉工作雖然很忙,但收工之後有熱水洗澡,趕夜工時也有稀飯吃,中午有一個鐘頭可睡午覺。」(第 42 信)到後來,施水環甚至一天就能作出四套中山服(第 61 信),而施水環的筆記本裏,也手繪了各式衣物的裁縫衣版,學會了包括「童子軍服、美國卡其褲、運動衣、中山服、嗶嘰西裝褲」(第 36 信)等,讓施水環很樂觀地期待釋放後能和姐姐一起以裁衣維生。

縫紉工廠的需求量十分龐大,施水環時常都得趕夜工,但她

盡量在空閒時讀聖經、早晚禱告（第 22 信），施家母女在施水環被捕後有了信仰轉折，施母每日到教堂禱告，也讓施水環有了支持，舒緩了待審的壓力。受難者李石城回憶起，說她不管何時都面帶笑容。不過，施水環進入軍法處看守所時，只有 38 公斤，1956 年 4月間健康檢查時，也只有 39.5 公斤，身形削瘦，健康狀況不佳，時常鼻塞、失眠、胃痛，也曾病到無法離開押房工作。

1956 年 7 月 24 日上午，施水環如常在縫紉工廠工作，忽有管理員來喚「施水環、丁窈窕特別接見」。當時的關押規則並不容許在押人於判決前接見家人，而判決定讞後，獲判死刑者通常在得知判決的當下就得直接送往刑場，所以這聲「特別接見」其實已暗示了死刑。施水環下樓後，像平日那樣微笑，並對其他難友揮手、道別：「人家保重，我先走了。」筆記本裏剛好寫到「第六十九信」，卻來不及留下內容。

丁窈窕

文／溫席昕

教學提示：

1 丁窈窕之案件及獄中遭遇

2 為何女性政治犯可以帶小孩進入看守所？

參考資料：

楊素芳〈金龜樹、銅像與百年校史〉一文，刊登於「公民行動：影音資料庫」網站：https://www.civilmedia.tw/archives/33362#_edn1

盧兆麟等口述、胡慧玲、林世煜採訪記錄，《白色封印：人權奮鬥證言：白色恐怖1950》，國家人權博物館籌備處，2003

李禎祥，〈施水環家書 承載白色恐怖悲歌〉，《新臺灣週刊》，2007

李石城，《鹿窟風雲：八十憶往：李石城回憶錄》，白象文化，2007

郭振純，《耕甘藷園的人》，玉山社，2008

曹欽榮、鄭南榕基金會，《流麻溝十五號：綠島女生分隊及其他》，書林出版，2012

　　《第六十九信》取材自政治受難者施水環的獄中筆記與家書，
其實，同案的丁窈窕也一起經歷了這段獄中經驗，最終同遭槍決。
近年丁窈窕攜女入獄的故事漸廣為人知，但實際上相關資料十分
零星，研究者至今亦未能與丁窈窕後人取得聯繫，其人其案諸多空
白，皆賴政治受難者回憶口述填補。

●丁窈窕其人

　　根據臺南第二高等女學校的學籍資料，1927 年丁窈窕出生於
臺南，在家中排行第四，兄弟姊妹共十人。就學時，丁窈窕戴著近
視眼鏡，身形消瘦，在校成績優異。日治時期女子就學並不如現在
普遍，然丁窈窕考取四年制的臺南第二高等女學校，並在 1945 年
戰爭期間畢業，是該校第 21 屆的畢業生。事實上，臺南第二高等
女學校於 1921 年成立後，泛臺南地區許多優秀的女子都是畢業於
此，像是擁有全臺第一位女醫學博士、第一位女性民選市長等頭銜
的許世賢（1908-1983），即是該校第一屆的畢業生。此外，出身嘉
義的莊無嫌（1909-1998），也自該校畢業，日後成為日本第一位女
性文學博士。能取得博士學歷當然是鳳毛麟角，但由此可知，在當
時的臺灣，高中畢業已是女子極高的學歷。

　　渡過了日治末期的戰爭、政權轉換以及 1947 年的二二八事件，

丁窈窕在 1948 年以前到了臺北，任職於「臺灣省郵電管理局」（簡稱郵電局），並在此認識了同鄉施水環（1925-1956）與其就讀於臺灣大學的弟弟施至成，還有施至成幾位大學同學。 參考：〈施水環〉、〈郵電工作委員會〉 丁窈窕、施水環在臺北郵電局工作的實際時間，現未有資料可資參佐，但 2017 年「綠島人權藝術季」曾展出一份「丁窈窕筆記本」，這份資料過往都由收藏家收藏，2017 年公開展示後，才進一步填補了丁窈窕的生平略歷。

在這本筆記本中，留有 1948 年 12 月底，丁窈窕即將離開臺北、回到臺南時，郵工補習學校（國語補習學校）老師錢靜芝、郵電局同事施水環、許金玉、徐彩雲、高秀玉，以及臺大學生施至成、張滄漢、吳東烈的留言祝福。據張滄漢回憶，1948 年他與施至成、吳東烈都是負笈北上的臺大一年級學生，曾暫居施水環在郵電局的宿舍。或許他們與丁窈窕就是這樣認識的吧。

錢靜芝在筆記本中勉勵準備回鄉的丁窈窕：「自己的路自己決定」。而好友施水環則以日文寫下詩作：「祝你就像無雲天空中的星星／永遠不會消失／並永遠美麗」。此時年約 21 歲的丁窈窕與在筆記本中留言的好友們，大概未曾想見不久的未來將是一片慘白。錢靜芝、許金玉、徐彩雲、高秀玉，在 1950 年涉「臺灣省工委會郵電總支部計梅真案」被捕，錢靜芝被處死刑，其餘均處有期

徒刑，牢獄多年；吳東烈涉「臺灣省工委會臺大工學院支部石玉峰案」，於 1953 年遭槍決；張滄漢因「知匪不報」遭判刑七年，施至成則自 1952 年行蹤成謎、失蹤至今。而丁窈窕與施水環同因涉「臺灣省工委會臺南市委會郵電支部吳麗水案」被捕後遭槍決。青春時代的好友們，皆成為了白色恐怖時期的犧牲者。

回到臺南後的丁窈窕，曾與受難者郭振純（1925-2018，1954 年遭判無期徒刑）有過因緣。郭振純曾談到：「臺南郵電支部案的丁窈窕，我在第一屆市長選舉時就認識她，此後一直都有聯絡；她父親也傾向支持黨外。」並說：「本來我兩有意結婚，又覺得不妥，因為兩個人都這麼活動，萬一生命有危險，將來誰照顧孩子。…窈窕後來還是嫁人。」第一屆臺南市長選舉是在 1950 年至 1951 年間，而郭振純語中透露丁窈窕也很「活動」，是閩南語境中指涉政治活動的用語，至於丁窈窕實際上從事了什麼活動，現階段則未有定論。

與筆記本一同在 2017 年「綠島人權藝術季」展出的還有丁窈窕的詩作與一幅繪於綠島的畫作。詩中，丁窈窕自稱「已在綠島待了一年二個月」，畫作則在署名時簽下日期「1952.1.3」。這段綠島的牢獄經歷較鮮為人知，但政治受難者陳英泰曾證言：「丁窈窕曾被判感訓…先前臺北郵電案發生，她被認為沒有參加組織，情節

輕，被判感訓了事而被送往綠島新生訓導處感訓。當時擔任看病的新生醫生蘇友鵬因看病關係對她記憶猶深。」然而，陳英泰所指的臺北郵電案發生在 1950 年 2 月，35 位涉案人士均在 1950 年 10 月間執行刑罰，丁窈窕並未名列判決書當中。丁窈窕究竟是不是因為臺北郵電案待在綠島，而她又在綠島感訓了多長時間等，這些疑問目前均未有官方檔案可供對照。

1954 年 7 月間，臺南郵電支部案爆發，案內 51 人陸續被警察單位拘捕、約談、監禁，同年 10 月案件送入保安司令部軍法處審理，與丁窈窕、施水環一起進入軍法處看守所候審的，還有丁窈窕抱在手中的女嬰。帶著孩子入獄在當時並不少見，可能因為家中無人照顧、孩子還在哺乳期等原因，有些女性受難者會帶著孩子被捕。檢察官偵查、軍事法庭審判、判決提請長官核覆等，拘留在軍法處看守所的時間很長，1956 年 7 月 24 日早晨終於判決確定，丁窈窕、施水環共赴刑場，槍決身亡。

●臺南郵電支部案

丁窈窕第二次被捕是因臺南郵電支部案，此案在官方檔案中被視為臺北郵電案的延續，案件中也有許多人當時任職於郵政、電信二局（是時郵、電已分辦），例如吳麗水當時為臺南郵局的職員，

而施水環則任職臺北電信局，不過丁窈窕當時已離開郵電系統，在判決書上註明「家務」。臺南郵電支部案涉案人員一共 51 人，但判決書上所載事實卻可以區分為兩個區塊，一為以吳麗水、丁窈窕、雷水涼三人為核心所進行的非法集會、擴張地下組織；另一則是以施水環的弟弟施至成為核心，追究施至成的同學們「知匪不報」以及施至成逃亡後親友「藏匿叛徒」。▼　參考：〈窩藏匪諜〉　此外，案件最終被判刑者有 14 人，其餘 37 人則分別有「無罪」、「不付軍法審判」、「交該服務機關管束查看」三種處置。

判決書指出，丁窈窕在 1948 年夏天為錢靜芝所吸收，同年底調臺南郵電局服務，1949 年經鄭逢春（涉計梅真案遭判 10 年徒刑）介紹，認識臺南郵電局職員吳麗水與雷水涼，三人並經「朱某」教育、聯絡，準備組成臺南市工委會郵電支部；同時，復經施水環介紹認識邱奎壁（1950 年獲判 10 年徒刑）、翁文禮（1955 年獲判死刑），參加叛亂集會多次。據上述「事實」，丁窈窕被以「意圖以非法之方法顛覆政府而著手實行」為理由，判處死刑。

不過，李禎祥曾引受難者雷水涼（遭判 15 年有期徒刑）的證言，指出本案所列「事實」應屬杜撰，雷水涼與丁窈窕曾是同學，並不須經鄭逢春介紹認識，案件實情應是「有一個人愛慕並追求施水環，因為施的好友丁窈窕勸她保持距離。此人懷恨在心，適巧看到

丁窈窕桌上有「禁書」，於是從臺南寄函到保安司令部，檢舉丁窈
窕是「匪諜」。此人先後寄了四、五封，都被吳麗水藉職務之便截
獲燒毀。」另外，郭振純也曾談到：「她被抓的原因，是被臺南二
中出身的王姓臺灣人出賣的；王某愛丁窈窕，但因理念不同，被拒
絕而懷恨。」這段檢舉軼事，在判決書中亦有記載，其指出 1950
年 3 月，吳麗水藉職務上的機會截留王溪清檢舉丁窈窕、施水環二
人為「匪諜」的信函，以掩護同黨叛亂工作。

　　值得注意的是，臺南郵電支部案在經保安司令部軍事法庭的
判決後，依法還須經軍事長官的核覆（核定與覆議），方能確定最
終判決。1956 年 5、6 月間，案件由保安司令部上呈國防部，再由
國防部上呈總統府，最後，蔣介石在本案文書中留下這樣的「批
示」：「均如擬。但諭知無罪、不付軍法審判及陳寶珠等廿名均不
可再令其在郵政電信方面工作」，由此，在案件中毫無犯罪事實的
一干郵政、電信局職員，也終將受之牽連失業了。

●軍法處看守所

　　根據施水環筆記及相關檔案，臺南郵電支部案的涉案人員應
是在 1954 年 10 月 1 日送進軍法處看守所。而郭振純在 1953 年 5
月遭逮捕，是時也在軍法處看守所等候判決。一日放封時間，郭振

純見同房的難友都佇在醫務所外，好奇前去才發現是丁窈窕抱著女兒要到醫務所打針。郭振純說明，在當時最怕的就是，在審判前又看見認識的人跟著進了審訊監獄，擔心口供不一致，他認為這必須要當面聯繫才行，急中生智割傷腳趾，再請難友掩護，才終於進入醫務所與之交換訊息。當時，認為自己可能會先離開的丁窈窕，囑郭振純在隔日放封時，到樹下撿一個菸盒，裏面裝有丁窈窕的一撮頭髮。後來，郭振純沒有再見過丁窈窕，他將菸盒藏在字典裡，直到日後出獄，才將之埋在臺南女中的一棵金龜樹下。（註）

帶著孩子被捕入獄的女子不少，因之空間十分狹隘的青島東路軍法處看守所也為此闢出一區托兒所，除供看守所職員托兒外，也照顧在押人的孩子們，丁窈窕的女兒就屬其一。托兒所老師由在押女子擔任，例如 1955 年因涉「在監再叛亂案」而從綠島重回軍法處看守所的黃采薇，就曾在此照顧過孩子們。

1956 年 7 月 24 日上午，大約是女在押人在縫紉工場工作的時間，女管理員來喊：「丁窈窕、施水環特別接見。」施水環先走下樓後，丁窈窕也抱著孩子下樓。這時在一樓洗衣工場工作的李石城（涉鹿窟案，遭判 10 年徒刑）忽聽見孩子哭喊：「快來救救我媽媽！救命啊！」只見二位女管理員與緊抱著丁窈窕的小女孩在樓梯間拉扯，而丁窈窕對孩子說：「要乖，聽阿嬤的話，阿嬤明天會來接你

33

回家。」然後讓管理員把孩子抱回押房。那一天，孩子的哭聲不絕
於耳，其情之哀戚，在押房的張常美、在洗衣工場的李石城都對之
難以忘懷。

　　解嚴後，政治案件平反風氣漸盛，白色恐怖回憶錄、口述歷
史等相繼出版，丁窈窕的故事方為人所知。多年後，研究者陳銘城
曾在美國休士頓的一場演講中，偶遇丁窈窕年邁的二姐，才知道丁
窈窕槍決後，女兒由夫家撫養，屍體則由娘家領回發喪。

註：這段經歷郭振純在《白色封印》、《秋蟬的悲鳴：白色恐怖受難文集 第一輯》
　　以及自傳小說《耕甘藷園的人》中都有提到。國家人權博物館「郭振純口述
　　歷史」影片中，對軍法處的設施環境描述較詳細，參見網頁：https://youtu.be/
　　EnFzma7Eu8c。此外，臺南第二女高戰後改制為臺南女中，不過郭振純埋髮處，
　　並非當年丁窈窕所處校區。

女性政治受難者

文／溫席昕

教學提示：

1 目前關於女性政治受難者的研究概況

參考資料：

崔小萍，《崔小萍回憶錄：碎夢集》，秀威資訊，2010

李禎祥、李坤龍，〈白色恐怖時期六張犁歷史遺跡調查計畫〉，不當叛亂暨匪諜審判案件補償基金會委託研究，2011

曹欽榮、鄭南榕基金會，《流麻溝十五號：綠島女生分隊及其他》，書林出版，2012

邱冠盈，《女性枷痕──一九五〇年代白色恐怖女性政治受難者之研究》，臺北教育大學台灣文化研究所碩士論文，2014

張維修，《臺灣白色恐怖時期相關史蹟點調查案總結報告書》，國家人權博物館籌備處，2015

國家人權博物館籌備處，《走過長夜：秋蟬的悲鳴》，玉山社，2015

　　由於人數比例的關係，現階段累積的出土資料、口述歷史、相關人員的訪談乃至於文學創作等，或許呈現出以男性政治受難者為大宗的成果，至使社會上越漸產生以「男性」為「政治受難者」，而「女性」為「受難者家屬」所發展的二元史觀。▼參考：《超級大國民》〈獄外之囚〉 更進一步，甚至有女性政治受難者多為「追隨」男性親友參與運動的附庸印象，忽略了戰後女性參與政治、社會活動的能動性，也漠視了女性啟蒙的時代脈絡。

　　然而，若我們仔細梳理白色恐怖時期的政府檔案，便可發現自白色恐怖時期伊始即有女性的身影，她們以各式姿態參與在政治案件中，或以導師的身份成為當時案件的首謀終遭槍決身亡（如「郵電總支部案」的計梅真、錢靜芝），或以學生身分參加讀書會、閱讀左傾書籍而遭入罪（如「社會主義青年大同盟案」的傅如芝、黃竹櫻），或是因協助、藏匿匪嫌人士而遭資產沒收、入獄數年（如辜顏碧霞因曾資助逃亡作家呂赫若而遭逮捕），甚至因捲入蔣介石與孫立人的矛盾而遭以「叛亂」為名判決（如「蘇俄國家政治保安部潛台間諜汪聲和、李朋案」的黃正、黃玨）等。

　　關於女性政治受難者的經歷，除散見各口述紀錄集或是個人回憶錄等，藍博洲的報導文學作品《臺灣好女人》、曹欽榮等採訪整理的《流麻溝十五號：綠島女生分隊及其他》二書，是少見以女

性為主體進行書寫的書籍。女性政治受難者的個人回憶錄，最早則
有已故舞蹈家蔡瑞月、廣播劇製作人崔小萍拋磚引玉。

●女性政治受難者人數

國共內戰的失利，使得 1949 年以後臺灣島內的「肅共」氣氛
越漸濃厚，戰後初期由中共派員來臺建立的地下組織「中國共產
黨臺灣省工作委員會」（簡稱省工委），在經歷了 1950 年代對「叛
亂犯」大規模的逮捕、審判與執行後幾乎破壞殆盡。據統計，1949
年到 1971 年間收埋死刑犯的六張犁墓區中，政治受難者計有 264
人，其中有 8 位女性。 ▼ 參考：〈六張犁墓區〉 另外，超過七成是在
1950 到 1953 年間執行槍決。儘管我們無法由此處的收埋人數推估
政治受難者的總人數及其比例，但這份研究也提供我們幾項思考白
色恐怖政治受難者的線索：1950 年代的大規模逮捕造成了為數眾
多的「叛亂」人士必須同時拘留、軍事審判機關須在同一時期處理
大量的政治案件、執行徒刑的監獄必得同時容納大量的政治犯（而
其中必有女性政治犯，因此區隔收容是必須的）、政治受難者的人數
與所處刑度依審判時期而有更迭。

目前出土有關女性政治受難者人數的紀錄不多，據邱冠盈統
計，1950 年代內的女性政治受難者至少應有 236 人。而政府檔案

中也有幾份關於女性政治受難者人數的紀錄，由此我們或可管窺其詳情。1951 年初，為解決保安司令部軍法處看守所收容人數過量的問題（原規定人犯容額為三至四百人，但當時在押已、未決人數多達千人以上），參謀總長周至柔於是上呈蔣介石總統，希將已經審判的「政治犯」移往主要收容匪俘（多為古寧頭戰役的共俘）的綠島「新生總隊」（即新生訓導處前身）。幾經討論與實驗，終於在 1951 年 5 月中促成第一批政治犯的大移監。

新生訓導處下設有三人隊，每大隊下轄四中隊，每一中隊約 120 到 160 人，其中便有一支「女生分隊」，隸屬第二中隊，在 1965 年新生訓導處遭裁撤以前，女生分隊是許多女性政治受難者的共通經驗。在政治犯移監綠島的體制逐漸成形的 1951 年 12 月，保安司令部的工作報告中曾統計當年度接收與處理的新生人數，當時的新生訓導處一共監禁了 1232 人，包括「叛亂犯」752 人（含女生 7 人）、「匪嫌」376 人（含女生 26 人）、「匪俘」104 人。而許多女性政治受難者均在訪談中提到，女生分隊人數最多曾有 90 幾人的紀錄。

另外，司法行政部調查局在戒嚴期間曾有多處「招待所」，用以偵訊與拘留有叛亂嫌疑者，位於臺北市吳興街的「二張犁招待所」使用於 1958 年到 1972 年，初期名為「第一留質室」，1967 年

後改以招待所為名，在許多政治受難者證言中，都曾談到在此地遭到疲勞問訊、嚴刑逼供的經驗。

在一份官方工作報告中，曾對 1958 年到 1965 年中「第一留質室」的留置人數進行統計，七年左右的時間裡，此處共留置了873 人，其中因涉嫌叛亂遭居留者有 533 人，包含男性 516 人，女性 17 人。戰後來臺的知名廣播劇製作人崔小萍，曾於 1968 年遭指為匪諜而拘留於此，在她的回憶錄中，紀錄下「唯一女囚，我獨居一室；其他男囚們。多是三、四人居一室。」的入所實況，也回應了女性政治受難者人數比例較低的官方紀錄。此外，三張犁招待所曾有一位女性政治受難者遭刑求致死的案件。1966 年任職於《臺灣新生報》的編輯主任姚勇來、記者沈嫄璋夫妻，因捲入調查局內鬥而被控匪諜遭捕，當時 50 歲的沈嫄璋在三張犁招待所內遭逼供致死，當姚勇來接獲通知進入留質室時，現場已被佈置成自縊的樣子。

●女性政治受難者的監獄經驗

白色恐怖時期政治受難者的牢獄經驗，往往談到十分擁擠狹小的審訊牢房。在大規模逮捕、拘留匪諜嫌疑犯的年代，幾乎所有的審訊牢房都超越了既定的收容人數。1950 年 4 月，一夜間全家

六口被帶到保密局南所的黃秋爽說：「房間很小很小，擠得像沙丁魚，很熱，大家都沒辦法喘氣。」不止是空氣汙濁，拘留空間擠到無法躺平休息，囚人們甚至必須輪班才能闔眼睡覺。此外，南所跳蚤、蚊蟲亦猖獗，房裡房外痛苦哀嚎聲此起彼落，環境之惡劣難以想像。而嚴酷刑求也對身心造成極大的壓力，幾位女性受難者不約而同談到在保密局監禁時的「停經」經驗，生理期因遭逢驟變而失調，「我從被抓開始，有一整年都沒有來。…還好沒來，不然很麻煩，洗好能晾在哪裡？」張常美回憶道。

　即使是孕婦亦不能免受折磨，像是在「基隆市工委會鐘浩東案」中因「知匪不報」被判刑一年的曾碧麗，與其夫李蒼降一同被捕時已是大腹便便，卻在嚴刑逼供間早產；這些懷孕入獄的母親們，不僅要擔心刑求對胎兒產生直接的傷害，也緊張環境獄中飲食及惡劣的環境對孩子造成影響。因「臺北市工作委員會郭琇琮案」入獄的陳勤，在保密局北所（高砂鐵工廠）感受到胎動，「為嬰兒著想，即使發臭的飯也要硬吞下去。」眼見難友流產、死胎等，陳勤因之努力獲得了「保外生產」的機會，在臨盆前回家待產，兩個月後再帶著甫出生的孩子回到軍法處看守所等候發監。懷胎入獄的還有朱瑜，她因「中共中央社會部潛台間諜蕭明華案」遭判十年徒刑，然她沒有獲得保外生產，就在臺北監獄裡生下孩了洪維健（己故紀錄片導演），在移監綠島前，才讓家人將孩子接回。

　　政治受難者經審判、發監後，仍可能經歷許多次的移監，而各個監獄也會因其設置目的與地理位置而發展出它的特色。綠島的新生訓導處像是集中營，在那裏除了監禁、勞動之外，也安排課程以進行思想改造，另外，由於採買伙食不易，政治受難者還必須種植蔬果，平衡新生訓導處的收支。此外，由於離島偏遠，也較少家屬探監的機會。1952 年冬天移送綠島的三百多名政治受難者中，包含張金杏、張常美等二十多位女性，他們從高雄搭了一日一夜的軍艦終於抵達綠島，港口已有由「新生」組成的「綠島樂隊」奏樂迎接。新生訓導處雖在成立之初即已設立女生分隊，但由於對女性管理甚嚴，女新生在此處活動空間很小，放封也只能在竹籬笆圍成的一小方區域，而平常除了上課之外，「在綠島的生活，幾乎都在挑水、挑糞便」，在新生訓導處連淡水都不易取得，女生分隊輪班外出挑水，每次挑水都得來回走上數趟，十分辛苦。

　　1954 年位在新北市土城的生產教育實驗所（簡稱生教所，後改名仁愛教育實驗所）成立，許多女生分隊的政治受難者於是移回本島，生教所內女生有四、五間房，每房 12 個人，分上下鋪，不過活動範圍仍在竹籬笆內。生教所內每個人都要參加生產班，像是陳勤分配到的是小白菜、張金杏則種過高麗菜……。此外，生教所最重要的業務是思想改造，將所內新生依照學、資歷分班後安排課程、「洗腦洗得很厲害，整天寫報告、小組討論……。上課佔去我

們大部分的時間，早上四堂課，下午兩堂課」，並以思想考核成績判定刑滿能否出獄，因此許多政治受難者刑期屆滿時會移監至此，包括因美麗島事件入獄的陳菊、呂秀蓮都曾待過生教所。

到了生教所，政治受難者的家人得以在規定時間內會面，年幼的孩子也可不用再託付給親友，所內設置了托兒所，照顧生教所職員和政治受難者的孩子，由張金杏和簡照霞負責照顧的那段時間，托兒所裡有十幾個孩童。這些孩子幼時跟著母親入獄，學齡後就到附近的清水坑國小上課，放學了再回所內。這樣的育兒型態，毋寧是女性政治受難者最無奈的折衷辦法了。

張常美在生教所第一次收到難友歐陽劍華的情書時，擔心通信被疑，在恐懼之餘將信件湮滅。後來兩人才慢慢有了聯繫，並在雙雙出獄後結成連理。在一些受難者口述中，曾提到生教所裡有難友在談戀愛，由此可見生教所較為輕鬆的一面。此外，也有受難者提到許多有幸出獄的女性政治受難者在日後選擇與難友結婚。這樣的現象，也許讀者會想像是因為出獄後帶著「匪諜」的前科標籤的關係。

當然，出獄後的政治受難者面臨謀職、生活上的種種不便，時不時受到警察刁難，社會上許多人也對政治犯有所顧忌，不願與

之來往，但也有不畏此前科的業主，勇於錄用政治受難者。不過，也有許多女性受難者是基於對「理念」的堅持，像在張金杏的證言裡，談到政治受難者對「共同經驗」的追求，「我遇到的女生全部都嫁給了思想犯。…我們常說要嫁綠島的…如果要向我們求婚，要唱〈綠島之歌〉給我們聽。」另外，也有些受難者的女兒，嫁給了同受牢獄之災的難友，像是盧兆麟透過張金杏說媒，得娶黃爾尊、陳珊梅的女兒，吳義來則在難友姚勇來的介紹下娶了後者的女兒，為了讓仍在服刑的姚勇來能親手將女兒託付，1973 年景美看守所同意了這一場特別面會，在所內的禮堂舉辦了簡單的婚禮，留下景美看守所唯一的一張獄中結婚照，為蒼白歲月添上少見的喜氣。

六張犁墓區

文／路那

教學提示：

① 六張犁墓區中的受難者之墓是如何被發現的？

② 我們應該如何面對和保存這些墓地。相較於尤太人在納粹集中營受到不人道的待遇，有些集中營目前已經轉化為博物館，台灣的六張犁墓區是否應該轉化為威權遺址的紀念場所？

參考資料：

藍博洲，《紅色客家庄：大河底的政治風暴》，印刻，2004

張維修，《臺灣白色恐怖時期相關史蹟點調查案總結報告書》，國家人權博物館籌備處，2015

陳英泰，〈屍體的處理〉，https://blog.xuite.net/yingtaichen/twblog/150857143，2019/7/19引用。

張子午，〈歷史迷霧中的六張　——白色恐怖時期亂葬崗保存爭議〉，https://www.twreporter.org/a/white-terror-liuzhangli，2019/7/19引用。

林傳凱，〈妻子含恨自殺，女兒一生不能原諒「搞政治的父親」...白色恐怖中「倖存的政治犯」〉，https://www.businessweekly.com.tw/article.aspx?id=19141&type=Blog&p=2，2019/7/19引用。

孫立極，〈追尋在台中共特工遺骨始末〉，http://tw.people.com.cn/BIG5/26741/13790848.html，2019/10/28引用。

在《第六十九信》中那令人怵目驚心的墓碑群的所在地，即位於六張犁的「白色恐怖政治受難者墓區」。從台北市崇德街，沿著山的方向前行，大約走個十五到二十分鐘就會看到墓園。

首先會遇上的，是一般普通的墳墓。此區，本省人與外省人靜默共處，唯有墓碑的形式不甚相同，顯示了兩者在葬儀上的差異。接著，會看到一個牌坊，那就是白色恐怖政治受難者墓區了。經過此處後，再往上走，就是台北極為罕見的伊斯蘭公墓。最知名的墓主，即是文學家白先勇的將軍父親白崇禧。

這個墓區的位置並不隱匿，卻相當神秘，因為有超過三十年的時間，知道它存在的附近居民不清楚裡面埋著誰，而知道誰被埋了的人則找不到它的位置。至於知道這裡的位置也知道埋著誰的人們呢？他們對此事若非漠不關心，就是嘴巴閉的比蚌殼還緊。

● 曾梅蘭尋兄記

1993 年，曾梅蘭在這找到了哥哥徐慶蘭的墓，也發現了 50 年代遭槍決並棄置的受難者之墓石。

曾梅蘭是苗栗銅鑼的客家農村子弟。他的二哥徐慶蘭為了改

善家裡作為佃農的生活，在同鄉羅坤春的介紹下，加入了中國共產黨在台灣發展的地下組織「省工委」的銅鑼支部。1949 年底，省工委的活動被政府發現並遭圍捕。銅鑼支部的成員們也開始在地形較為複雜的苗栗山區裡流竄逃亡。他們躲躲藏藏三年多後，徐慶蘭還是被捕了。同樣被捕的，還有與他感情很好的弟弟曾梅蘭。兄弟兩人一起被送到台北的保密局進行偵訊。

1952 年 5 月 15 日，軍法官鄭有齡以懲治叛亂條例「二條一」

▼ 參考：《超級大國民》〈二條一〉 判處徐慶蘭唯一死刑，褫奪公權終生。

8 月 8 日凌晨四點，在馬場町被槍決。弟弟曾梅蘭則因「參加叛亂組織」，以懲治叛亂條例「二條五」判決十年的有期徒刑。

徐慶蘭遭槍決後，家屬因家貧而無力支付領回遺體所需的費用，遺體因而不知去向。而曾梅蘭出獄後，則因為身上背著叛亂罪名，生活難以為繼，最終只能離鄉背井到台北以打零工維生。儘管生活貧困，但他與父母始終沒有放棄尋找哥哥遺體的想法。因此，維持生活的空檔，他四處到台北近郊墓區尋找兄長的墳墓。

1993 年 5 月，他夢到哥哥告訴他，「我埋在竹林的下面」。不久，認識的六張犁土公仔（編按：處理喪葬墓穴的工人）「阿賓」來找他，說他找到一個姓徐的墳墓，要不要去看看？

　　曾梅蘭跟著土公仔走到了那座墳墓。曾梅蘭除了發現尋覓已久的兄長墓地，還發現了周遭大量的矮小墓碑。墓碑上的名字有些認識，有些陌生，但毋庸置疑的，都是在白色恐怖時期遭槍斃的受難者。

　　他一邊整理兄長的墓地，一邊將這個訊息通知給受難者與遺族們組成的「台灣地區政治受難人互助會」。消息一傳出，年逾六旬的受難者們紛紛上山看望過世的難友，並一鋤一鋤地清除墓地上的雜草，找出了更多的受難者墓碑。這裡埋著的除了曾梅蘭的哥哥徐慶蘭，與同案受難者黃逢開等省工委人員外，還有台大歷史系學生于凱、張慶等人。最為知名的受難者，則是以版畫《恐怖的檢查》紀錄二二八事件，日後被羅織入獄，最後遭到槍決的藝術家黃榮燦。

　　接下來，他們找了專家釐清墓園的範疇。很快地，他們整理出了四個墓區。曾梅蘭一開始發現的是第一墓區。除了土葬的死者外，他們也在附近矗立著的台灣戰後第一座私人骨灰塔「極樂靈骨塔」中發現了一些受難者的骨灰罈。

　　2002 年，擇定第二墓區作為今日紀念公園的整建地。在受難者與遺族組織代表與市府的協商下，第二區的受難者全數移置至新

建的靈骨塔中。這座新建的靈骨塔，只供奉白色恐怖受難者。

然而據說仍有 300 多個骨灰罈因無法確認身分，而只能將之放置在儲藏室中。

● 極樂殯儀館

談到白色恐怖，一般人的理解通常到了「馬場町槍決」的這個環節就結束了。這是因為大多數人不認識作為個體的政治犯，他們在沒名沒姓的狀態下，以一種「被殺了」的印象留在社會記憶之中。那麼，遺體去了哪裡？有人處理嗎？

是的，確實有人處理。處理的機構正是當時台北市唯一的殯儀館：極樂殯儀館。1949 年開張的極樂殯儀館，是由當時的台北市長游彌堅特邀曾任上海殯儀公會理事長的錢宗範開設。游彌堅為什麼要開設殯儀館呢？因為當時的本省人習慣在家中辦喪事，但逃難來台的外省人因缺乏空間、鄰里關係與覺得總有一天要歸葬故土，需要一個辦理喪事的特定場所。在此需求下，游彌堅以「無償無限期」的方式，把日本人留下來的三板橋葬儀堂與葬儀堂所屬的六張犁公墓共十七公頃交給錢氏。在獨佔市場的情況下，極樂殯儀館的生意可說相當興隆。如胡適、于右任、許世英、賈景德、王寵

惠、陳果夫與洪蘭友等知名人士（其中陳果夫，曾是國民黨在中國時期知名的特務頭子），均在這裡走完最後一程。其服務的價格，不消說也相當昂貴。

作為台北市唯一一家專業殯儀館，遭槍決的政治犯遺體交由極樂殯儀館來處理也很合理。從馬場町到極樂殯儀館，於是成了受刑者在死亡後的第一段旅程，亦是政府的標準作業流程。

接下來，就是通知親屬前來領屍了。然而理應負責通知家屬的保安司令部在這方面的作業可說糟糕透頂。許多人根本來不及在領屍期限前知道親友已經被槍斃的消息。家屬中，有人會收到保安司令部的通知，有人卻要每天在火車站前的公布欄上仔細端詳公告，甚至有人是提著菜去探望時，才當場被告知。還有人甚至連通知都沒辦法，因為他們的家人還留在中國，沒有一起到台灣來。

根據日後在此一墓區的統計，總共 264 名受難者中，本省籍 111 人，佔了 42%，外省籍 153 人，佔 58%。35 歲以下的青年世代有 195 人，受難比例高達 74%。女性受難者 8 人，佔 3%；男性 256 人，佔 97%。大部分的受難者集中在 1950 到 1953 年間遇難。

至於幸運接獲通知，又來得及前去領屍的受難者家屬，當他

們到了極樂殯儀館，想要領回親人屍體返鄉安葬，會發現一個驚人的情況——他們得付錢才能領屍體，這筆「處理費」的金額相當驚人。當時的公務員月薪大約兩百元，然而根據口述歷史，拿回一具屍體，要付四到五百元。這金額對於普通人家來說，已是一筆不小的負擔，而政治犯家庭的經濟狀況，在當時白色恐怖的氣氛下，又比一般家庭更為艱困。因此，有辦法領回親人遺體的家屬，可說少之又少。

這些無人領取的屍體，後來都到哪裡去了呢？極樂殯儀館得做出最後的處分。

當時，台灣還不流行大體捐贈，因此常出現亟需屍體以練習解剖的醫學生半夜到墓地裡偷盜遺體，結果落下一隻手或一隻腳沒拿走的怪聞。由此可見當年缺乏大體的程度。因此，在執行死刑後，無人認領的遺體便有可能交由國防醫學院充作解剖教材使用。解剖完的遺體，由極樂殯儀館火化後放入靈骨塔。沒被解剖的遺體，則由極樂殯儀館葬於六張犁墓區。

●當政治犯成為符號之後

讀到這裡，不知道你是否會感到一點「怪怪的」？撇開白色

恐怖不談，從槍斃到埋葬，畢竟是公家機關的固定流程，為什麼曾梅蘭得問了那麼多人，尋找了這麼久，最後在因緣際會之下才得以讓墓區重見天日？

更別提，遭槍決的受難者將近千人，六張犁絕對不是唯一一個政治犯的埋骨之所。然而其他受難者到底葬在哪裡，仍是未解之謎。

明明有那麼多人應該知道的啊？但為什麼他們都不說？

這牽涉到「白色恐怖」最令人感到憤怒的本質：它不分青紅皂白地設下了許多關鍵字，只要與這些關鍵字有所牽連，那麼不管你的目的為何，通通處於危險之中。於是對於一般民眾來說，一個個有血有肉的政治犯與他們的親屬，頓時間成了所有人都避之唯恐不及的關鍵字。他們被變成了社會的禁忌，無人膽敢提及。不僅受難者閉口不談，社會大眾對於談政論治的恐懼亦難以輕易消除。至於有能力談論此事的政治人物呢？願意談的沒有資料，有資料的則不願意談。

在眾人噤口的情況下，歷史逐漸地被遺忘。當社會越趨開放，終於開始討論白色恐怖時，在社會大眾的記憶中，作為符號的政治

犯已經取代了作為個人的政治犯──社會更加關心的，比起他們
作為個體的遭遇，毋寧在於他們作為遭受迫害的象徵上。因為唯有
如此，社會大眾才能安心地討論相關的議題。但符號無法感動人，
無法讓我們痛下決心，不再重蹈覆轍。

　　這就是為什麼《第六十九信》的導演林欣怡要從施水環寫給
家人的信件出發。在此之前，我們也許不認識施水環，然而透過她
的信件，我們逐漸發現，她是個很普通的女孩子。普通的就像是我
們的鄰居、朋友與親人。

　　這樣一個普通的女孩子，為什麼會被關到監獄裡？又為什麼
非得被槍斃呢？你難道不好奇嗎？仔細探究，原來施水環是因為藏
匿受到「學生工作委員會案」牽連而遭通緝的弟弟施至成所以被
捕。施至成有沒有罪？施水環有沒有罪？如果他們無罪，那麼為何
要賠上性命？如果他們有罪，他們的罪又真的重到要殺死兩條生命
嗎？

　　如果僅僅將「政治犯」視為一個整體，我們將難以去理解為
何他們的死亡會帶來這麼大的創傷。透過文學，透過影像，它們將
個體與象徵結合，帶領我們蜿蜒走過作為「人」的政治犯的一生，
透過他們的眼睛，讓我們體會到他們的喜悅與悲傷。於是，透過電

影，我們或許終於能碰觸到曾梅蘭與徐慶蘭的痛苦、遺憾與悲傷，以及白色恐怖之所以成為白色恐怖的核心──那是統治者對於可能喪失權力的無邊恐懼，所導致的極致瘋狂。

● 六張犁墓區應該屬於「文化景觀」嗎？

1990 年代發現六張犁墓區後，「台灣地區政治受難人互助會」便開始積極地呼籲公眾應該重視過往的這段歷史，讓這個一度被刻意遺忘的墓園得到更完善的維護。

歷經將近二十年的爭取，終於，在 2015 年的 10 月 15 日，台北市文化局文化資產審查委員會以十比五的票數，通過了將「六張犁政治受難者棄葬區」登錄為文化景觀的提案。這中間經歷了許多爭議，從「此地是否具備『文化資產』價值」開始，到「以『文化資產』名義登錄，是否合適？」各方觀點交會之下，許許多多的問題被提出。儘管如今已塵埃落定，但有些被提出的問題，至今仍沒有一個確定的答案。

若問「此地是否能被登錄為文化資產」，首先要確認什麼是「文化資產」。根據《文化資產保存法》（文資法）第三條，文化資產是「具有歷史、文化、藝術、科學等價值，並經指定或登錄」

之物。有人提出此地簡陋的墓碑「看不出特別的美學形式」，且與一般民間墓地交雜，難以區分，因而不應被列入文化資產的清單中；有人指出六張犁墓區中所埋葬的死者身份尚未全部確認，有多少人是冤罪，多少人是確實意圖顛覆國家都無法確認，要以什麼樣的「歷史、文化價值」列入呢？有人主張，六張犁墓區的「亂葬」本身就「表露了那股最恐怖、得以從暴力現場隱匿蹤跡的政治暴力形式」，因而當然應該列入文化資產，接受法律的保護。也有人認為，「文化景觀」的說法，對於這個充滿了痛苦與血淚的地景來說太過輕描淡寫了。若非當年還沒有《促轉條例》，它更應該被列為「威權地景」。

「威權地景」是什麼？「文化資產」與「威權地景」之間（應該）有著什麼樣的不同呢？六張犁墓區應該被登錄保護嗎？它應該以「文化資產」還是以「威權地景」的姿態面對大眾呢？

你認為呢？

獄中書信

文／馬翊航

教學提示：

1 獄中書信如何協助我們理解白色恐怖的歷史？

2 我們從書信看到的歷史面向是真實嗎？施水環會不會有很多話沒有說？或者很多話用隱喻的方式告訴家人？為什麼最後一封信是空白的？

參考資料：

楊逵，《綠島家書》，晨星出版，1987

王建國，《百年牢騷：台灣政治監獄文學研究》，成功大學中國文學系博士論文，2006

黃文成，〈受刑與書寫：台灣監獄文學考察（1895-2005）〉，中國文化大學中國文學系博士論文，2006

謝仕淵，〈囚禁與求生──柯旗化獄中家書所見之戰後台灣「白色恐怖」〉，《歷史台灣 國立臺灣歷史博物館館刊》，2012

呂蒼一等，《無法送達的遺書：記那些在恐怖年代失落的人》，衛城出版，2015

黃崇凱，《文藝春秋》，衛城出版，2017

　　《第六十九信》中的施水環，在入獄不到兩年的時間，寄出六十八封家書。他的第六十八信是「我很羨慕這塊布，它能比我強得很多，而竟隨意地走了一趟，我日夜嚮往之故鄉」，第六十九信其實是她在槍決前，未能寄出的空白信件。電影經過聲音、文字、人物、物件的重新組合，試圖觸及獄中人的心靈狀態，或者傳達了「重現」的艱難。電影敘事的實驗，追尋試探了消逝、零碎的記憶，但也因為存有許多未知，更逼迫我們去想像「在獄中寫信」的困難障礙，以及監獄裡與監獄外的人，在身體、心理、物質、政治上，所經歷的多重困境。

● 在獄中寫作：對監控的挑戰與心靈的護衛

　　在討論獄中書信之前，我們或許可以先思考，在監獄中的人為什麼要「在監獄書寫」？人在監獄裡面的思考與身心狀態，與在外界有什麼不一樣？在監獄中書寫，如果有著與獄外不同的書寫條件與傳播狀態，會對作品產生什麼樣的影響？寫作者的帶／待罪身份，會如何影響作者的身份標籤？獄中寫作的動機，如果不是為了讓作品付梓出版，那又是為了什麼？監獄書寫是一個特殊的文學類型，文學研究者王建國、黃文成都曾以監獄文學作為博士學位論文的主題，他們留意到監獄外在環境、物理條件對監獄書寫的限制，與作者在獄中繼續寫作的動機與意志，如何使獄中書寫產生變化的

動力。黃文成的《受刑與書寫—台灣監獄文學考察（1895-2005）》指出獄中書寫，在苦悶的環境下，近似於一種出口與精神治療，在幽暗的歷史夾層中顯現寫作者的意志與意念。王建國的《百年牢騷：台灣政治監獄文學研究》強調了監獄文學在監禁、權力機制的運作下，作為記憶、證言、揭露，形成集體記憶的嚴肅功能。

　　在 1969 年因「統中會」案被羅織罪名入獄的呂昱，他在《獄中日記》的說法，提供我們想像監獄寫作的監控與挑戰：團體生活是沒有自我獨立空間的，一切都敞開著，只要人家想要知道你什麼，你就什麼也躲不掉，除非自己永遠處在最高度警覺下，否則一絲一毫的不小心，都可能被有心者窺竊了。……封閉的空間也是致命傷之一。……創作除了文學自限的制約之外，應該具有絕對的自由權利讓創作者充分發揮創作神思。這在監獄內，則幾乎是無法辦到的事！你可以無所忌憚地寫，但寫成之後呢？你得設法藏好，然後設法送出去。因為你不可以落到管理員（思想警衛）的手中，否則，你就會被審查（或審判）。

　　或如王拓說「為了減輕牢獄加給我身心的折磨和傷害，我只有寫作，因為，只有在寫作時，我才能忘記身在牢獄：只有在寫作時，我才能重新感覺到自己是一個人，一個真正有尊嚴、有信心、能自由思想的人。」在監獄中書寫，面臨的監禁不只是物質的牢籠，

也是思想的監禁。書寫如何突破物質與心靈的限制，呈現獄中人的所思所感，也會因為書寫者的性格、情志、獄中狀況而有不同的變化。

● 在獄中寫信：壓抑與禁忌

　　謝仕淵曾以柯旗化的獄中書信為案例，討論白色恐怖時期的書信檔案與審查機制。台灣白色恐怖時期從獄中發出的書信，一定會經過審查，也有篇幅的限制。（註1）書信是研究白色恐怖的重要史料，一般來說在歷史學領域判斷史料時，日記與信件往往由於其私密、不意圖公開廣泛傳播閱讀的特質，而被視為是自然的、不加掩飾的材料。但謝仕淵指出，「由於監獄中自我剖白與暢所欲言的程度，受到相當程度制約，發言者必須小心翼翼的謹守發言底線，才能確保書信的書寫，不會是另一場禍端的開始。」謝仕淵指出：觀察、解讀白色恐怖的獄中書信時，必須緊緊把握其「壓抑」的特質，以及隨之而來的扭曲、言不由衷、難言之隱。書信不是單方面的書寫，書信作為聯繫的物件，所呈現的不只是獄中人的困境，獄外的家人也同樣無法直接寫明受監視、親友走避等現實困境，「粉飾太平」的表現，實則顯露了政治受難的廣大範圍：寫信與收信者，都是受害者。 ▼ 參考：《超級大國民》〈獄外之囚〉 也因此書信被視為史料時，可以讓我們看到監獄內外的溝通狀態，也讓我們理解在「受

限」、「壓抑」、「粉飾」的條件下，政治與監控如何運作，又如何影響寫信者與收信者的生命狀態。

楊逵因為 1949 年發表的〈和平宣言〉，繫獄綠島十五年，獄中規定每週不得超過三百字上限。但他在獄中所書寫累積的書信，竟要等他出獄十五年後，逝世一年後，才回到了原本的收信者家人手中。這些被禁的信稿，其實內容並不涉及敏感的政治議題。1987年晨星出版社印行出版《綠島家書：沉埋二十年的楊逵心事》，2016 年由大塊重新出版，加入〈和平宣言〉全文，與過去未曾公開的內容。家書原來寫在 25k 橫條筆記本上，從 1957 年 10 月 12日寫起，至 1960 年 11 月 18 日，前後逾三年，總計一百零四封。從向陽〈陽光一樣的熱 ── 讀楊逵先生「綠島家書」〉中對手稿的觀察可知，這些「家書」或是楊逵所寫的草稿，字跡整齊潦草程度不一，有增刪線條，也有退回、不發的註明，家書的筆跡紀錄了楊逵書寫時的沉重情感，面對家人生活境況的迫切與焦急，憂心與愧疚。家書於 1986 年底，經編輯整理後於《自立晚報》副刊連載。家書送達家屬手中的時間差，不只顯示獄中書信的檢查限制，書信在解嚴前夕整理出版，也讓書信不只流傳於家族內部，更成為重要的公眾財產，成為當代思考言論、身體禁制與人權自由的起點。

2015 年出版的《無法送達的遺書：記那些在恐怖時代失落的

人》，以家書／遺書作為線索，試圖接近白色恐怖受難者與受難家屬的精神與處境，是一個嚴肅而艱難的集體書寫工程。在許多段落中都可以看到獄中書信傳寄的謹慎與緊張：「她寄去的第一封信被沒收了。他寄來的第一封信就渴求相片，並且叮囑：不要以日文寫信，否則通不過審查。……一個半月後，不光是信封，就連折疊於內的信紙，也蓋了查訖章。戳章僅有三個字：「查訖」兩字並排在上，底下一個大大的「華」，做為署名。……他們在審查者的監視底下，節制地，將情感收攏於官定的語言之中。」（註2）

六位作者各自處理了不同的案件及其遺書展開的人際網絡，書信不只是一個單純訊息傳遞的工具，或者是考察歷史狀態與真相的檔案，也突出了「原本應該」收到書信的閱讀者，與在未來重新閱讀的讀者，產生差異與對照。胡淑雯在書中，強調了監視者的存在與無所不在，也藉由家屬、監視者、未來的我們閱讀視線的差距，帶出了書寫者／讀者重新創作、閱讀時，應該審慎思考與判斷的課題。當我們閱讀，原不應該由我們讀到的信件，是否讓我們得以揣摩「監視者」的位置與心境？我們的重新閱讀建立在什麼樣的痛楚與犧牲之上？我們如何透過這樣「難得」的契機與情感的衝擊，讓「再閱讀／再書寫」產生足夠的意義、反思與慎重？胡淑雯曾在訪談中說：「我會想像自己倘若是當事者，願意被寫到怎樣的程度。書寫必然會涉及到生命裏的苦難與難堪，在書寫這個失去尊嚴的過

程，我要怎樣寫才能重獲尊嚴，讓不可說成為可說、值得說，成為
一種贖還。」

●反思與重寫：以〈狄克森片語〉為例

　　獄中書信讓我們思考獄中與獄外之人的複雜處境，更是促使
我們思考白色恐怖下，人的細微情感與生存處境的珍貴契機。黃崇
凱與臺灣文學／史對話的小說集《文藝春秋》，其中〈狄克森片語〉
便是以柯旗化的獄中書信作為靈感來源之一。作者以兩個妻子——
柯旗化的妻子與羅伯特・詹姆士・狄克森（Robert James Dixson）
的妻子——際遇相互對照。羅伯特・詹姆士・狄克森編寫出傳播
世界的英文片語文法書，柯旗化則是台灣版狄克森片語的翻譯審定
者。語言可以讓人訴說情懷，得到自由，但語言同時也揭露了階級
與限制，權力與束縛。將大半生奉獻給英語教學書籍的柯旗化，在
獄中的書信、創作，有對家庭與世界的關懷與掛念，到了黃崇凱的
〈狄克森片語〉中，則連結了台灣人的跨世代記憶，重新寫出人對
於語言、生命帶來的自由渴望。

　　獄中之人在監管之下，書寫信件是紓解寂寞與抵抗壓迫。但
獄外的親族一收信者，同樣也籠罩在不安的生命陰影中。除了具體
的政治監視，內心的焦灼，愛與親情的考驗，更一字一句地敲打著

生命之牆。小說化的想像處理，讓我們更能夠接近收信者／妻子／維繫家庭者的生命質地。黃崇凱在小說中這樣描述受刑人妻子的生活：「丈夫每星期都有信來，如果沒收到信，她就忍不住胡思亂想，擔心他在裡面發生什麼事。這麼多年的來信其實都大同小異，限制兩百字以下的信除了問候寒暄，就是簡單交代身體狀況，根本無法說什麼心理的話……恐懼淡淡地籠罩在她的生活，一如當初目睹當初丈夫午睡被叫醒，連件外套都不給穿就上銬帶上吉普車，自此回不了家。」

　　她操持家務，除了打點出版社的業務以及教養孩子，波動敏感的心，從小說描寫的一節可以想像：「當初讀了刊登在《新生報》副刊的〈北九州的來信〉，心情實在好不起來……他們分別近十年，她幾乎等於守寡，如今卻要看丈夫對另一個她從來不知道的女人傾訴心思懷念，好像一字一句都是打在臉上的巴掌……她忍了幾週不回信，終於忍不住把這些感受寫在短短的信箋上，顧不上有審查人員會看到這些內容。」

　　〈狄克森片語〉以英文文法的「時態」與「句型」，構成了章節，也描繪出小說人物對過去、未來、現在的，各種想像與期待、幻想與渴望。小說中刻意組合了不同範疇的文字成品：包括書信、英文教科書、小說，有時文字是現實生活的訊息工具、有時也干擾

了他們現實人生中的情感狀態。相互對照之下，暗示了語言在不同時代、社會、國境與政治氛圍下的可能性與限制，也逐步帶領我們感知，在不同位置閱讀或寫作書信、書籍的人物，他們的語言與生命狀態。小說家在小說中加入一個與他受教育年代重疊的敘事者，並且以校園的語言學習經驗，帶出政治與語言監管無處不在、難以完全斷絕的力量。

　　小說最後的場景，是逐漸老衰、語言與記憶能力逐漸退化的柯旗化。但生命的衰老並不意味意志的斷絕。小說的最後，是片語，是回歸語言的原初本質，是人類與歷史可能的自由：「那些累積了一輩子的詞彙，有如獲得解放的奴隸，自由四散。他們退回到面對世界的原初狀態，語言還不存在，事物還沒有名字，歷史正要開始。」

　　我們不妨以這篇小說延展出的世界，與《第六十九信》獄中書信的「再創作」相互對照。語言與身體、心靈的制限與殘酷是時代的悲劇，但我們也都是接收訊息的「獄外之人」。在過去的作品中，我們看到的大多是受刑人寄出的書信，較少看到家人寄給受刑人的書信，因此這類型的作品也往往成為一種「獨白」。或許日後可以藉由書信檔案的重新出土與整理，讓書信的往來，還原為雙向的傳遞，完整呈現監獄內外的訊息傳遞。而身處未來、身處獄外的

我們，如何承接與回覆時代留給我們的遺物，正是我們的功課。一如電影《第六十九信》，也是導演林欣怡給施水環，以及曾經走過黑暗時代之人的回信──即使終究再無可能。

註1：在解嚴後出版的獄中書信有劉峰松《黑獄陽光──劉峰松獄中書信》、楊逵《綠島家書》、高俊明《獄中書簡》、柏楊《柏楊在火燒島──寫給女兒的信》，楊青矗《生命的旋律等》。

註2：見《無法送達的遺書》，頁 128-129。

窩藏匪諜

文／何友倫

教學提示：

1 臺灣近年最著名的共諜案，是陸生周泓旭被以
〈國家安全法〉第二之一條發展組織未遂罪判刑1年
2月，以「國家安全」的名義處罰人是恰當的嗎？現
在的處罰跟戒嚴時期的處罰有什麼不一樣？

參考資料：

李禎祥，〈施水環的家書：承載白色恐怖悲歌〉，《新臺灣週刊》，609，2007

曹欽榮、鄭南榕基金會，《流麻溝十五號：綠島女生分隊及其他》，書林出版，2012

陳翠蓮、吳乃德、胡慧玲，《百年追求：台灣民主運動的故事》，衛城出版，2013

林孝廷，《意外的國度：蔣介石、美國、與近代台灣的形塑》，遠足文化，2017

何友倫，《解嚴後政治犯司法不法之平復──以確有（叛亂）實據為核心》，臺灣大學法律學碩士論文，2018

●什麼是匪諜？

要了解匪諜，我們必須先認識在白色恐怖時期，為什麼一個看似破壞國家安全的行為，會被官方以匪來稱呼？許多當時的犯罪行為，並不會以匪來蔑稱觸犯法律的人。為什麼破壞國家安全，會被國家冠上「匪」呢？

這個問題，必須回到白色恐怖時期國民黨、共產黨對抗的脈絡。「匪」，是當時兩股政治意識型態相互蔑稱的用語，例如毛澤東被稱為毛匪，共產黨亦被稱為赤匪，相對的，蔣介石被稱為蔣匪，國民黨被稱為白匪。「匪」並非平白無故出現歷史當中，在近代中國史中，匪經常是官方蔑稱造反的武裝團體的用語，將他們貶低為盜匪，否定這些「匪」具有政治意識，換言之，被以「匪」形容的犯罪者，在國家的眼中，或許根本不需受到任何刑事程序的保障，畢竟正邪不兩立，在「國家安全至上」的目標下，「匪」必須徹底清除。

1945 年，第二次世界大戰甫結束，國共兩黨隨即因為不可調和的矛盾爆發軍事衝突，共產黨解放全中國的目標也如旋風般地震撼全世界。臺灣與澎湖二戰後在國際法上雖有地位未定的問題，然而隨著戰局快速發展，國民黨將臺灣建設為反共堡壘以及對臺統治

的正當性開始受到其他國家的確認。早先國際對於臺灣的未來走向
尚不確定時，國共兩黨對於臺灣的想像也相對貧乏。國民黨雖然在
二戰結束後即辦理接收，但因內戰的關係，對於臺灣不僅缺乏相應
的治理，同時也因臺灣地處中國邊陲且過去為日本的殖民地，使得
政府與人民的矛盾急遽上升。

　　共產黨此時雖已派人來臺潛伏，但因黨員較少，對於臺灣社
會的影響力相對弱。隨著 1947 年 2 月爆發官方查緝私菸不當使用
武力及後續發生的武力鎮壓，臺灣人民對於國民黨統治產生不滿，
也開始思考臺灣的出路。心繫祖國的人發現中國除了國民黨以外，
也有共產黨的存在，這也是許多 50 年代政治受難者強調的：「對
白色祖國的失望，轉而期待紅色的祖國」。

　　共產黨在臺灣的地下工作突飛猛進，黨員人數大增，許多人
私藏武器、傳遞機密情報，鼓吹左翼思想，等待共產黨渡海解放臺
灣。　▼ 參考：〈郵電工作委員會〉、〈學生工作委員會〉　伴隨國民黨在中國的
勢力範圍逐漸縮小，國民黨政府對於臺灣島的控制也越來越強烈，
不僅在 1949 年頒布臺灣省戒嚴令，更強化特務的布建。人員、法
制的變化，都加劇國共兩黨在臺灣的鬥爭，1949 年保密局破獲鍾
浩東等人的基隆中學案，揭開了 50 年代白色恐怖的序幕，主動或
被動成為「匪諜」遂成為臺灣人民長期的傷痛。

根據〈戡亂時期檢肅匪諜條例〉[註1]（下稱〈檢肅匪諜條例〉）第二條，「匪諜」是指〈懲治叛亂條例〉[註2]中的「叛徒」及叛徒通謀勾結的人，而所謂的「叛徒」，則是指白色恐怖時期，觸犯〈刑法〉內亂罪、外患罪的人民。從以上的不同的法律名詞，我們可以勾勒出被國家稱為叛徒、匪諜的罪名關係：凡在白色恐怖時期觸犯內亂罪、外患罪的人民，基本上會被國家稱為叛徒，而「匪諜」，則是叛徒及其相關的人的概稱。需要特別注意的是，匪諜除了法律意義上會連結到內亂罪與外患罪之外，「匪諜」的「匪」，已經包含了國家對於這個犯罪行為的深惡痛絕，故透過匪與諜的結合，我們可以辨識出白色恐怖時期，國家敵人的形象。

● 與匪諜有關的罪

我們從〈檢肅匪諜條例〉可以看到國家要處罰兩種人，一是叛徒，二是與叛徒通謀勾結的人。內亂罪與外患罪在國家的眼中，都是直接破壞國家安全的行為，在白色恐怖時期必須被優先處理。什麼是與叛徒「通謀勾結」的人呢？通謀勾結不是一個很清楚的概念，若要理解這個詞，我們可以借助其他的法律規範，例如〈懲治叛亂條例〉中第三條、第四條相關規定、〈戰時軍律〉[註3]第五條等。這些罪其實都是禁止一個人跟叛徒產生任何主動積極的關係，例如禁止包庇或藏匿叛徒、為叛徒徵募財物或供給金錢資產

等。

　　若我們知道某一個人是叛徒，但卻消極不舉報他呢？這在白色恐怖時期是不是犯罪？

　　根據〈檢肅匪諜條例〉第四條的規定，當我們發現一個人是匪諜，或是有匪諜嫌疑的時候，應該向官方告密檢舉，如果不檢舉匪諜，會被處以一年以上七年以下的有期徒刑。此外根據第五條的規定，當時人與人之間連保，一旦某個人被發現是匪諜，他的連保人與直屬主管人員都必須接受相應的處置。換言之，白色恐怖時期，國家透過課予人民檢舉匪諜的責任以及連保制度，創造一個相互監控的社會監獄，許多朗朗上口的標語：「保密防諜，人人有責」，也因此流傳下來。

　　除了要求人民檢舉匪諜外，依〈檢肅匪諜條例〉第十四條規定，政府也由國庫支付獎金增加告密檢舉的誘因。這個規定在1954 年以前是不同的，最早的法律文字規定，獎金的來源是匪諜的財產，檢舉人可以獲得百分之三十，承辦出力的人可以獲得百分之三十五。^{（註4）}儘管這個規定施行的時間不長，卻存在於白色恐怖高峰的階段，許多羅織的「匪諜」也與此規定有關。在恐怖的氛圍下，許多人基於不同的理由檢舉他人，但也有許多隱匿匪諜的案

例，正是在人性的幽微之處，讓我們見到人與人之間緊密的關係，不因著社會結構的變化而改變。

●窩藏匪諜的案例

　　窩藏匪諜，可以直觀地理解為保護某個被視為匪諜的人免受國家制裁，保護的理由千百種，可能是基於過去的同窗情誼，也可能是彼此有親屬關係。整體而言，窩藏匪諜的案子多是基於人際關係的紐帶，從這個現象我們可以知道，當一個人被捲入叛亂案件，生活周遭的人極少能全身而退。

　　《第六十九信》的末尾摘錄了施水環的判決書，我們可將她的案情分為兩個部分，一是郵電支部的案件⁽註5⁾，二是藏匿匪諜（其弟施至成）於宿舍天花板二年。施至成自 1952 年學生工作委員會的案件爆發後，先躲藏在施水環同事郭傳峰家中，不久便藏於施水環宿舍的天花板中，這一藏就待了二年有餘。施至成長時間待在狹窄的天花板，同時，施水環獨居，屋內任何不自然的聲響，都可能引人注意，因此兩人基本上不能有任何對話，即便說話了，也必須抑制自己的情緒。我們也應該記住，當施至成開始逃亡的生活，他的親朋好友都會受到特務嚴密地監視，所以施水環對外除了應付國家機器，回到家仍無法鬆懈，長時間的緊繃生活對於姊弟二人是多麼

壓抑、煎熬，並非外人可以輕易想像。

告密者發現施水環雖然獨居，卻總是煮兩人份的飯，施水環不自然的生活因為他人的檢舉而劃下句點。1954 年 7 月 19 日，政府前來抓拿施至成等人，施水環的同事方玉琴趕緊雇車將施至成送走，施至成先躲至表哥陳清鈺家，住了兩日，最終去找了台大的同學林粵生，借宿一晚隔日一早即離開，自此施至成踏上逃亡的路，再也沒有人見到他，是白色恐怖時期少數行蹤從此成謎的人。

施至成自學生工作委員會曝光後展開逃亡，所有與他接觸的人均背負了窩藏、隱匿匪諜等罪，不管當事人做的是什麼，我們只看到政府一概以最嚴厲的刑罰來處罰這些人，郭傳峰有期徒刑 15 年、施水環死刑、方玉琴有期徒刑 13 年、陳清鈺有期徒刑 13 年、林粵生有期徒刑 15 年，本案另外兩位政治受難者，是張滄漢和葉子燦，兩人是施至成的台大同學，均被官方指控「在施至成藏匿施水環宿舍期間，均曾前往探視，而不告密檢舉」，有期徒刑 7 年。

施儒珍案也是窩藏匪諜較著名的案件。施儒珍在日本殖民時期即因密謀前往中國參加抗日而遭日本當局逮補，判刑六年。二戰結束後施儒珍參加三民主義青年團，因二二八事件對於國民黨政權產生質疑，思想逐漸左傾，後因讀書會的朋友陸續遭當局逮捕，他

也開始逃亡，卻牽連自己的舅舅，讓舅舅被關三年。為了不牽連別人，施儒珍決定將自己自囚於家中，弟弟施儒昌在柴房隔出一個小隔間，施儒珍即在此躲藏，直至其因染上黃疸病，不敢外出就醫，最終在家中死亡，結束其十數年的自我囚禁生活。

施儒珍於家中自囚，需要家族的接濟，早期仰賴施儒昌，後來施儒珍的兒子年紀漸長，其兒子亦曾分擔相關工作。由於施儒珍不能多跟家裡人有所接觸，所以早期不敢讓自己的兒女知道自己躲在家中，有一天施儒珍的女兒告訴祖母，她感覺晚上有人輕撫她的臉，祖母嚇了一跳，說是床母保佑，後來才告訴她施儒珍躲藏在牆壁內。

此外，莊新祿案也值得一提。莊新祿被判刑時已經 68 歲，判決書提到莊新祿藏匿其女婿游阿添等四、五名匪徒，後又包庇省工委林元枝等十數人。游阿添、林元枝等人，係武裝工作隊成員，工作隊的目標是透過經濟鬥爭（綁架）開拓財源，以暗殺特務等方式，打擊黨國。莊新祿除了以積極藏匿的行為包庇游阿添等人，後又收容劉落、林雲塔、莊瑞和等三名逃兵。這個案子是一個典型的窩藏匪諜案件，同時被藏匿的「匪諜」，或許不是一般常見的那麼單純、無辜，面對這種窩藏真正危害國家安全的「匪諜」，我們應該如何思考呢？

● 匪諜與當代社會的關係

　　匪諜的法律意義，隨著〈檢肅匪諜條例〉的廢止而走入歷史。
然而匪諜並不是自此退出了我們的生活，偶爾在日常生活中仍會聽
到「共匪」等挖苦的說法。此外，解嚴後的轉型正義工作仍持續對
所謂的匪諜、叛徒進行相關的平反與賠（補）償，所以窩藏匪諜
在當代社會仍然是一個重要的議題，關係到我們如何看待歷史，以
及，如果當代真的存在「匪諜」，我們應該採取什麼樣的方式應對？

▼
參考：《超級大國民》〈平反運動〉

　　平反與賠（補）償自解嚴後已經持續多年，其中與檢舉匪諜
有關，同時可以檢驗我們如何思考威權統治與其中的惡人的問題，
是〈檢肅匪諜條例〉第十條規定：「故意陷害誣告他人為匪諜者，
處以其所誣告各罪之刑。」換言之，如果我檢舉某個人是匪諜，後
來經過調查這個人並非匪諜，則我會被國家以我檢舉的罪名判刑，
這是俗稱的「反坐法」，在民主社會中，是嚴重侵害人民權利的處
罰方式。這種情況在申請白色恐怖補償並不是特例，有人的確因為
誣告他人被判刑，並在解嚴後申請補償被國家駁回。很多人可能會
覺得誣告者是威權統治的鷹犬，尤其胡亂檢舉他人，造成無辜之人
承受無妄之災。不過我們可以換一個角度來思考，產生誣告的情
況，是不是國家的制度所造成的？因著國家塑造一個人與人之間破

碎的信任關係，誣告他人的惡意，是不是只需要由誣告的人自己承擔，而國家完全不需要負責呢？

　　最後，白色恐怖時期國家處罰窩藏匪諜的行為，對應到當代仍然是一個值得思考的問題，當時國家禁止人民積極地協助匪諜，同時也不允許人民消極地不檢舉，也就是說，國家禁止一個人用積極或消極的方式與匪諜產生關係。我們暫且拋開白色恐怖時期的國家體制是否民主的問題，假使今天民主自由的台灣面臨國家安全的問題，我們不允許人民以積極的方式，如洩漏國家機密等方式協助敵人，但是我們能不能要求人民在發現他人有危害國家安全的行為時，有向國家舉報的義務呢？甚至如果不願意舉報他人，是否必須負起刑事責任？這種在國家安全與個人自由間角力的問題，即使在民主社會中仍有許多討論的空間。

註 1：1940 年 6 月 30 日公布施行，1991 年 6 月 3 日公布廢止。

註 2：1949 年 6 月 21 日公布施行，1991 年 5 月 22 日公布廢止。

註 3：〈戰時軍律〉之制定源自中國抗日戰爭，1937 年 8 月 25 日由國民政府公布，並於二戰結束後的 1946 年 6 月 25 日廢止。然而隨著國共內戰爆發，總統府乃於 1950 年 11 月 2 日公布施行〈戰時軍律〉，並於 2002 年 12 月 25 日公布廢止。

註 4：〈檢肅匪諜條例〉第十四條：沒收匪諜之財產，得提百分之三十作告檢舉人之獎金，百分之三十五作承辦出力人員之獎金及破案費用，其餘解繳國庫。無財產沒收之匪諜案件，得由該管治安機關報請行政院給獎金，或其他方法獎勵之。

註 5：郵電支部案在 1950 年爆發後掃蕩已大致結束，當時並未牽連施水環以及同案的丁窈窕，然而 1954 年的「台南市委會郵電支部案」，從目前的檔案可以推論官方定調的組織或許部分是假，但是在當時寧可錯殺一百的氛圍下，施水環、丁窈窕被捲入或許也是必然。

郵電工作
委員會
(1946-1950)

文／林傳凱

教學提示：

❶ 郵電支部案是怎樣的案件，政治受難者犯了什麼
罪？他們遭遇什麼處置？

參考資料：

曾文珍，《春天：許金玉的故事》，2002
陸象賢編，《魂繫臺北：紀念台灣郵電工人運動先驅》，自印，2002

● 「光復」初期的「留用」爭議

1945 年 10 月，國府「接收」台灣，因人力有限、規劃不良，許多政府機關由「日制」轉為「中制」時並不順利，外省職員無法足額遞補日人離去所留下的職缺。因此，甫成立的台灣省行政長官公署便權宜地擬定「留用」辦法，將日治時期已經在機關任職的日籍、台籍人員延長留任，以減緩長官公署完全癱瘓的危機。

視為「留用員工」的人，無法享有「正職員工」的同等保障。無論是上班時數、承擔的業務量，「留用員工」與「正職員工」並無二致。他們從事的業務，是過去日復一日處理的老業務，因為缺乏「正式員工」資格，他們面臨「同工不同酬」的差別待遇──例如本案的郵電員工，許多人當年只能領到「正職員工」的 20% 至 30% 的薪資。「留用」是政府人力不足下的「權宜之計」，透過最少的人事成本，聘任最大量的全職勞工，但對於被「留用」的台籍員工來說，卻形成強烈的不平等、差別待遇的剝削感受。

日治時期，台人與日人在國營機構的升遷已不平等，中、高階主管常是日本人，台人只能位居末端。戰後的「留用」政策，使高階主管換成外省人，中階主管卻仍延用日人，台人依舊處在末端，在機關內形成「外省人─日人─台人」的權力位階。因此，台

籍員工不免批判，為何「光復」後台人地位甚至低於「非中國人」的日本人？許多「留用」的台籍員工經驗豐富，熟稔業務，卻在戰後失去「正職員工」的資格，職等與保障甚至不如新來、對島內業務生疏的外省人，也不免演變為省籍之間的緊張關係。

「留用政策」存在於 1945 年至 1947 年春天。「二二八」事件後，新任省主席魏道明對台灣島上尚有大批「留用」日人深感不安，加上美國不斷施壓，要求國府盡速將在台日人遣返回國，許多「留用」日人也對「二二八」的鎮壓感到畏懼，渴望回國。因此，絕大多數國營機構都在 1947 年 5 月後結束了「留用」，將日籍職員遣返，將（部分）台籍員工轉為正職，結束了具有權宜、折衷色彩的「留用」時期。

●長期「留用」的台籍郵電工人

台籍郵電工人是極少數在 1947 年春天後仍長期維持「留用」身分，無法轉變為「正職員工」的一群工人。為什麼會這樣？這牽涉到「日制」與「中制」的落差。日治時期是「郵電合辦」，今日的「郵局員工」與「電信局員工」同樣隸屬於「遞信部」。戰後，轉變為中華民國的制度，原本的「遞信部」拆解為兩個單位，分別為南京的「郵政總局」與「電信總局」管轄的「台灣郵政管理局」

與「台灣電信管理局」。

　　二戰結束後，郵政總局、電信總局的財務都已瀕臨破產。1947年由行政院新聞局編印的《今日郵政》報導：「自抗戰以來，幣值不斷貶落，郵資雖已調整多次，可是衡諸物價指數，還是相差太遠，以目前平信郵資而論，不過等於戰前的兩千倍，可是物價已近三萬倍，以兩千倍的收入，應付三萬倍的支出，情形的艱苦，讀者當不難想像」。簡言之，郵局或電信總局每提供民眾一次服務，就是一次「自損」。戰爭結束後，國府中央投入戰爭重建，財政匱乏更無力補助郵、電等國營企業的鉅額虧損。

　　兩局為何不提高「郵資」與「電費」？兩種費用的調整，都要由行政院提案，經立法院核准。許多立法委員在質詢時為了「為民喉舌」，常抨擊兩局與民爭利，在戰後人民貧窮的時刻，還要增加民眾負擔。同時，每一次傳出調漲郵資的消息，就會常引起大城市中「報業」示威遊行，增加調漲郵電的難度，導致兩局財政更為困難。

　　台籍郵電工人成為郵政總局、電信總局財政吃緊下的「犧牲品」，兩局對結束「留用」態度消極，因為這必然導致增加一筆龐大的人事費用—以郵政總局為例，當時全中華民國境內的「正職」

郵工為 39509 人，而台灣「留用」的台籍員工即將近 7000 人。若全數轉為正職，對於兩局無疑是「雪上加霜」的龐大開支。這導致兩局將臺籍郵電工人視為「燙手山芋」而互踢皮球，使得他們從 1947 年至 1949 年都面臨「留用」的差別待遇，進而成為戰後郵電工人運動發生的歷史背景。

● 地下黨進入台灣郵電部門

國府接收後，「全國郵務總工會」也於 1946 年 5 月派人籌組「台灣省郵務工會」，由上海郵政局指定七人負責執行——其中便包括了一名隱身其中的地下黨員陸象賢。籌備人員於 1946 年 8 月 10 日在台北中山堂召開了「第一次郵電職工代表大會」後，陸象賢當選為理事長。工會成立時，約有 7000 餘名會員，是當時全國最大的「省級」郵務工會。

陸象賢注意到，台籍郵電工常因不熟悉中文／北京話而受挫。因此，他先在 1946 年 6 月利用台北郵局大禮堂舉辦了「工會學習班」，編寫「工會的作用是什麼？」、「工會與行政有什麼關係？」等一系列讀本。眼見效果不錯，他更於 1946 年 8 月將「學習班」改制為「台灣省郵工補習學校」，自任校長，以協助台籍郵電工學習「國語」為目標，並於 1946 年 9 月 7 日由上海聘請兩位地下黨

員計梅真、錢靜芝前來任教。

計梅真曾在上海的「難民收容所」擔任教師，也曾與錢靜芝在上海的紗廠女工夜校擔任過講師。他們除了利用下班時間讓女工識字，更利用假日集體歌詠、看電影、踏青以凝聚感情、培養政治意識，逐漸團結女工的基層力量。

●計梅真、錢靜芝的工人教育

來台後，兩人態度親切、入境隨俗，很快與台籍的郵電工人拉近了關係。課程從簡單的ㄅㄆㄇ學起，進而選讀魯迅、茅盾、高爾基等左翼小說並開放討論。他們特別重視「寫作」課，藉由作文窺見學生的家世背景、生命經驗，再於課後與學生「一對一」給予建議，使師生情感越加緊密。

他們最初接觸的都是女工，政治犯高秀玉當時是郵局女工，在寫〈我的志願〉時，提到與繼母的關係緊張，深感沮喪。之後，計梅真找他談話，並屢屢傳授他對繼母主動表示善意的方法。此後，繼母的態度有了極大轉變，「從此之後繼母待我如親生女兒般，我又重新得到了母愛…」。又一次，計梅真教她唱《天倫歌》，內容

闡述失去父母的痛苦，鼓勵她要轉化「小愛」為「大愛」，將喪父之痛轉化為對大眾的關注，投身工人運動。繫獄 15 年後，高秀玉這樣形容計梅真對他的影響：「計老師就像一位慈母，他的愛根生在我心中，我從心底裡信賴他」、「如果有人問我：『你這一生受誰的影響最深？』那麼我會毫不猶豫地回答：『計梅真老師』⋯」。

另一位女工許金玉個性害羞，起初沒參與補習班。一天下午，計梅真拉他的手表示：「我是外省人，我們能不能成為好朋友？」，許金玉感到一陣暖意，連忙點頭答應加入。在書寫〈我的志願〉時，她提到由於家庭背景，之後想經營孤兒院。計梅真約他談話，分享自己在上海教育孤兒的經驗，鼓勵他：「不祇是孤兒問題，社會上有更多的問題要我們去做，主要是有這個心」，讓她更根本地思考為何會有這樣多孤兒產生？許金玉逐漸克服害羞的性格，之後更投入工會，「就這樣改變了我的人生觀」。計梅真、錢靜芝與台籍郵電工建立起親密的情感，並使地下黨在郵電產業中發展起來。

● 「郵電工委會成立」後的活動

1947 年，蔡孝乾接手計梅真的關係，並指示她於 1947 年夏天成立「郵電工作委員會」。政治犯王文清回憶，歷經快一年的國語教育，兩位老師才逐漸談到如何解決「留用」壓迫。計梅真老師向

學生們表示：「當局不但沒有誠意要解決，還在愚弄善良，是國民黨蠻橫壓榨人民的慣技。看來不發動一場小解放戰爭不可。我們要從無到有，從點到面，發動群眾起來爭取大家的共同利益…」，並教導具體辦法：（一）多交朋友，多郊遊，「在郵務工會領導下多多參加各項活動，從中吸收黨員並團結感情…」（二）改造工會，使它「真正為台籍員工服務，要達成這個目的，一定要設法控制工會」。在 1947 年 11 月第二次「台灣省郵務工會代表大會」上，「國語補習班」的學生果然交出了亮眼成績，包括許金玉、王文清、劉建修、宋世勳都在省工會或臺北支會取得理監事席次，並利用工會舉辦聯誼、球賽、合唱團，逐步從日常中團結勞工。

1948 年 5 月，計梅真生了一場病，導致「國語補習班」停課。但在稍早的 3 月 26 日，兩位老師便鼓勵了郵電管理局、臺北郵電局、電信局的臺籍勞工組織「台灣省郵務工會國語補習班同學會」，並每月出版一期的刊物《野草》。《野草》於 1948 年 4 月 25 日創刊，每期約 2 至 4 張紙，最初印 120 份。絕大多數稿件都由臺籍郵電工人創作，有時也由兩位老師介紹左翼文學，一切編輯都由工人自行打理。藉著刊物的擴散，他們也逐漸將串聯的浪潮，擴大到台北市以外的郵電工人中。

●1949 年春天的「歸班」抗爭

　　歷經多次協商，許金玉等代表於 1949 年春天「從下往上」發起台灣省郵務工會的「全省臨時代表大會」，訴求「不分省籍一律平等」。在基層壓力下，理事長侯崇修同意於 1949 年 3 月再次前往南京總局交涉，希望將「留用」工人「歸班」為正職員工。為了施壓，臺籍代表於 1949 年 3 月 25 日在台北郵局召開「臨時代表會」，有 400 多名勞工湧入會場關心，高喊「免試歸班」等口號。工人推舉 10 名代表，向「台灣省郵電管理局」局長陳情，希望形成在南京、臺北的雙重施壓。政治犯回憶，局長於面見時滿口答應，轉身便打電話向南京反應。眾人雀躍離開後，才被私下告知電話根本未接通，局長只是拿話筒裝裝樣子。此事嚴重打擊眾人士氣，返回台北郵局後，在場勞工在悲憤交織下大喊：「遊行！我們遊行！」「遊行到省政府，我們要陳主席替我們解決問題！」，於是 400 多名工人衝出會場整隊，開始朝台灣最高的行政機構「省政府」前進。

　　這場遊行純屬突發之舉，許多勞工難掩忐忑——兩年前的「二二八」，民眾曾在同一處地點陳情遭機槍掃射。眾人在大雨中前進，許多郵電工聞訊加入，隊伍由 400 多人增至 2000 人。一位勞工自述：「在雨裡，大家雖被打得不成樣子，可是大家的精神是多麼崇高、多麼偉大，這時我的眼睛不由得濕了，而不由自主的流

了淚…」。抵達省府後，由許金玉、宋世興、李萬順三人陳情。據說陳誠態度冷峻，卻同意解決此事。隔日，管理局林代局長前往臨時代表會承諾：（一）4月1日全體歸班；（二）依「員歸員、佐歸佐、差歸差」歸入郵電同等班；（三）不採「考試」而以「年資考績」做甄別。眾人便在半信半疑下解散聚會。

　　省府一直要到5月16日才頒布令工人不甚滿意的〈台灣郵電員工甄別歸班辦法〉，所有勞工必須經過以「中文」測驗的考試，才可以成為正式員工。一些郵電工便因沒有信心通過考試，於考試前主動領資遣費離職。7月27日，省郵政局盤問3月25日面見陳誠的三位代表，隨後「秋後算帳」將他們調離臺北。因此，工人的不滿未因「歸班」而完全消弭，有些員工甚至於秋季加入了地下黨。

●「郵電工委會案」爆發

　　1949年底，地下黨負責人蔡孝乾第一次被捕。國防部保密局紀錄，在1950年1月底、2月初「根據匪台灣省工委會書記蔡孝乾所供出之線索，秘密調查計梅真等來台任教經過，及日常言行活動情形」，接著在2月5日逮捕了計梅真。一開始，計梅真「態度頑強，堅不吐實」。歷經一個月折磨，計梅真才在特務誘騙能讓所

有台籍勞工「自首」的條件下,將組織關係交出。政治犯王文清回憶,於獄中見到計梅真時,「我第一眼就看到他,左眼整個眼球佈滿了血絲紅腫,成了血球。我暗叫遭受毒打酷刑!本來身體就纖瘦的他,更顯得消瘦被更腫了。」計梅真告訴他:「王文清,我現在要告訴你一件事,我被上級出賣了。我被拷打的很屬害,你也看得出來,我現在無能為力拯救你們⋯」。

眾人被捕後,最後來到青島東路的保安司令部軍法處候審。政治犯林坦回憶,兩位老師當時已準備赴死。一日,錢靜芝撿到一張報紙,順手拿下,開始用台語朗讀,還問旁人是否正確。林坦說,錢靜芝曾在課堂上教育大家:「人活到那一天,就要學到那一天。」1950 年 8 月 31 日本案判決,計梅真、錢靜芝判處死刑,其餘勞工判處 7 年到 15 年有期徒刑。計梅真的丈夫曾國榕雖非共黨,也因「明知為匪諜而不檢舉」判 7 年徒刑。1950 年 10 月 11 日,兩位老師從軍法處綑綁後至馬場町槍決,享年 35 與 30 歲。

從「郵電工委會案」,我們可以窺見戰後初期台灣工人的生活困境,以及如何通過「工人教育」的培力,讓勞苦的人們意識到,如何透過彼此的團結,改善生活中壓迫大家喘不過氣的「制度性問題」。我們除了反思「白色恐怖」時期的嚴酷刑罰外,也可以嘗試思考──今日台灣的勞工處境又是如何?如果低薪、長工時、雇主違

反勞基法的情況比比皆是，那麼七十年前的工人運動，究竟可以帶
給我們甚麼啟示呢？

學生工作
委員會
(1947-1950)

文／林傳凱

教學提示：

1 為什麼在日本殖民者離開後，台灣學生會參與反
對國民黨政府的地下政治活動？

參考資料：

蔡德本，《蕃薯仔哀歌》，草根，2008

許進發編，《學生工作委員會案史料彙編》，國史館、行政院文化建設委員會，2008

楊威理，《雙鄉記：葉盛吉－台灣知識分子之青春・徬徨・探索・實踐與悲劇》，人間，2009

顏世鴻，《青島東路三號：我的百年之憶與台灣的荒謬年代》，啟動文化，2012

黃華昌，《叛逆的天空：黃華昌回憶錄》，前衛，2015

許雪姬、王麗蕉主編，《葉盛吉日記（一）～（五）》，中央研究院台灣史研究所、國家人權博物館籌備處，2017-2018

　　1945年8月日本宣佈投降後，戰爭期間受打壓的「學生運動」，也迅速在日本撤退的空檔中復甦。

　　當時，作為島內行政核心的台北市，一度成為學生運動最活躍的城市。首先在1945年8月，一些曾在日本時代坐牢的學生，迅速在台北市籌組了「學生聯盟」，進而擴展到各縣市。接著，這些學生在對未曾謀面的「祖國」的樂觀期待下，籌備了各地歡迎「光復」的活動，甚至在10月26日在台北市發動號稱萬人的大遊行。

　　但當「台灣省行政長官公署」成立後，學生們迅速感受到「期待」與「現實」的嚴重落差：無論是吏治不彰、貪汙頻傳、市場失衡、失業者眾、治安敗壞，無一不對懷抱理想性的學生產生衝擊。另一方面，因為戰爭空襲影響，校園中許多教室與宿舍尚未修復，加上學制轉換的混亂與師資不足，使得必須由「日文」轉以「中文」學習的台籍學生深刻挫折，無論對學習成效或畢業出路都深感不安。此際，陸續進入台北市的各省學生，也開始將對岸頻繁的「學潮」資訊與運動文化帶入校園。

　　因此，從1946年初開始，台北市的學生便頻繁的發起各種遊行——包括以「紀念五四」為名批評長官公署的貪官污吏、抗議東京日人鎮壓台籍工人的「澀谷事件」、以及抗議美軍於北京性侵

女大學生的「沈崇事件」。可以說，1945 年至 1947 年春季的台北市學生運動史，幾乎是由一連串示威遊行所構成的歷史。

●「二二八」時學生的激昂與挫敗

1947 年 2 月 27 日，大稻埕爆發了「天馬茶房」前查緝私菸的衝突後，台北市的學生也於 28 日早上迅速集結，準備於中午後遊行至長官公署（即今天的行政院所在地）向陳儀陳情，要求嚴懲行兇緝私員，卻遭到公署樓頂的士兵以機槍掃射。此後，學生們對於體制內對話感到絕望，許多學生自發籌組的學生團體，一方面以「自治」為名自主維持校園秩序，一方面有部分激進學生組成「學生隊」試圖接收警局、軍營，希望能驅趕行為不檢的國軍。

但這場短促的抗爭，隨即在 3 月 8 日、9 日國府增援軍隊來台後幻滅。各種「學生隊」四散逃亡，社會上則不斷傳出「處理委員會」的仕紳與庶民百姓遭軍隊射殺或秘密處決的消息。這起不幸的事件，就是我們今日所稱的「二二八」。

●「二二八」鎮壓後的左傾浪潮

「二二八」後，許多學生面對血腥的武力鎮壓，不但放棄了

先前曾期待「體制內改革」或公開與國府示威對話的立場，導致「學生運動」的軌跡迅速由公開的籌組聯盟、示威遊行而退回校園，一時轉為消沉。而台籍學生的心態上，更陷入了憤怒、鬱悶、卻又不知出路何在的狀態。

這種集體心理下，1946 年春夏來台發展，但當時尚未能在民眾間爭取到廣泛支持的共黨地下組織「台灣省工作委員會」，便在「二二八」意外獲得了動員學生的歷史契機。從檔案與口述中，可以見證學生們於「二二八」後走入地下組織的心路歷程：

舉例來說，出身士林望族、為台大醫學系畢業的郭琇琮（後死刑）於軍法庭上，向法官自述入黨動機時說：「同學林麗鏘並未參加二二八事變，也無辜被殺。還有王育霖，他是新竹法院檢察官，也被殺。聽說還有很多無辜受害的人，因此對政府不滿」（這位林麗鏘是台大電機系學生，而他的兄長林麗南也因此事參與地下組織，判刑 12 年）。師院英語專修科的陳水木（後死刑）則於筆錄說：「卅五年間，我由日本抱了很大希望到台灣，眼見政府一班貪官汙吏，接收情形很壞，尤其處理二二八事件失當，所以參加共黨沒別目的，就是對政府反感而參加的」。日後逃亡海外，當時為法商學院肄業生的陳炳基在受訪時說：「光復的時候，我們確實對國民黨抱持很大的期待，我們很積極搞學生聯盟，還有國民黨自己的『三青

團』，幾乎都是以前抗日的同志。…『二二八』後，我們的幻想完全破滅。…就決定參加了共產黨。」

　　另一位法商學院畢業的陳英泰（後繫獄 12 年），則在回憶錄中坦言：「看政府在二二八事件中越作越離譜，到處亂殺人…我看到此情形對國民黨徹底失望，從心底想，除非徹底地改革，台灣人民無法安居樂業過有尊嚴的生活…我由衷的認同二二八事件，惋惜沒有成功，只能期待不久將來，來一個人為的、有計畫的，使其成功。」甚至就讀台大農學院的李登輝（後自首），於國史館訪問時也闡述了當年參加地下黨的心路歷程，也說：「二二八以前共產黨在台灣根本就沒力量，全台灣才七十幾個共產黨而已，二二八以後，變成八百多個，增加有夠快。那時我們也沒其他辦法可想，發生二二八這種事件以後，出來喊的人後來都被打死了，再也沒有一個人出來喊，讓所有台灣人團結起來。當時許多人就想，共產黨也許會有辦法…」

● 「學生工作委員會」成立

　　「二二八」後，地下黨成立了「學生工作委員會」，展開台大、師院校園的組織工作。1947 年底，曾領導蘇州學運的徐懋德（化名「李潔」，學生常暱稱「外省李」，後逃亡海外）來台領導「學委會」。

徐懋德受訪時表示，他在 1948 年春天盤點路線，指示先從參與「自治會選舉」著手，計畫掌握各「院」級自治會，掌握其中的福利部門，並陸續建立了台大工學院支部（校本部支部）、台大法學院支部、台大醫學院支部、師範學院支部。此外，成員也積極參與戲劇、繪畫、音樂、舞蹈社團及互助團體，藉此傳播左翼思想，也在替同學們解決生活困難時爭取對組織的好感。當年擔任師院「台語劇社」社長，也曾短暫入獄的蔡德本於回憶錄便寫道：「當時幾乎所有大學裡的社團都是共黨的外圍組織」、「在這種情勢下，台語戲劇社裡會有十多名學生加入共產黨，也是極為自然的事情…」。此語也許略嫌誇飾，卻能看見 1948、1949 年地下黨在校園的活躍程度。

　　學委會在校園中，曾經多次藉由「自治會」為核心發動抗爭。根據政治犯葉雪淳回憶，在 1948 年夏秋時，當時擔任工學院支部書記的王超倫（後死刑），由於校內學生配糧吃不飽、宿舍不夠住的問題，曾經發動「抓校長」抗爭，要同學們在校園中尋找當時台大校長莊長恭，當面要求他簽署同意改善上述問題的「同意書」。1948 年秋季時，台大校長莊長恭因為省參議會要求擴大招生名額的的壓力，準備在「正式招生」後再舉辦「擴大續招」。此舉必然壓縮校內原本就吃緊的宿舍、福利等資源，因此學委會便通過各「自治會」召集上千名學生，於「擴大續招」當日進入考場，中斷

考試，最後迫使考試延期。

　　捲入「學委會」的學生相當多。像是台南市出身的施至成（施水環之弟），台大農學院學生。 參考：〈施水環〉 好友林粵生（後繫獄 15 年）回憶他熱愛昆蟲採集，常在台大農場採集昆蟲。此外他也熱愛繪畫，曾參與「自由畫社」，指導老師之一便為師範學院美術教師黃榮燦（後死刑），不時論及繪畫與左翼思想的關係。根據徐懋德口述，左傾的施至成於 1949 年經同學石玉峰（後死刑）介紹參與「學委會」，由他經辦宣誓，並跟石玉峰、吳東烈（後死刑）編成一個小組——這與石玉峰的判決書記載相符。另外，施至成的童年玩伴張皆得（後繫獄 12 年）回憶，施至成於 1949 年夏天返鄉時，曾邀他參與地下黨。施至成於 1950 年開始逃亡——曾於逃亡期間照顧他的姊姊施水環（後死刑）與好友們則分別判處死刑或徒刑，而他的下落則至今成謎。但經由這些側面紀錄，多少可以看見施至成與許多同時期的台籍學生一樣，在時局下選擇了左傾之路。

● 「四六事件」後學生返鄉發展組織

　　1949 年 4 月 6 日，省政府主席陳誠下令進入台大、師院逮捕左傾學生，此即日後所稱的「四六事件」。「四六」鎖定的多為外省學生，對「學委會」的直接衝擊不大，卻壓縮了校內活動空間，

使得校園活動日益消沉，也中斷了原本希望籌建跨校的台北、台灣學生聯盟的計畫。1949 年夏天，一些學生畢業返鄉，台大法學院學生王明德又因散發地下黨刊物《光明報》被捕，進而導致「台大法學院支部」部分破壞，形成了新一波學生返鄉的逃亡潮。因此，「學委會」幹部於 1949 年夏、秋指示返鄉學生回故鄉發展兒時親友，建立農村基層組織，陸續發展了新竹小組、台中支部、嘉義支部、台南支部、高雄支部等組織。

如出身竹南的「少年航空兵」黃華昌（後繫獄 10 年）於回憶錄提到，他曾在戰爭時期擔任「少年航空兵」，戰後卻在故鄉陷入失業、無處發揮、鬱鬱寡歡的狀態，且對於官方對「二二八」的處置深感不滿。就是在這樣的心境下，他在 1949 年先於台北巧遇了故鄉北上念書的兒時坑伴曾群芳（台大，後自首）、顏松樹（師院，後自首），之後兩人頻繁回鄉鼓勵他參加組織，不要落在時代的隊伍後面，才誘使黃華昌於故鄉參加了地下黨，這便是 1949 年夏秋後發生的事情，也反映了當時「學委會」返鄉動員的浪潮。

1949 年秋天的「光明報事件」不但導致基隆中學鍾浩東校長等人被捕，導致基隆市區地下組織破壞，更間接導致地下黨新領導幹部陸續落網。地卜黨負責人蔡孝乾第一次在台北市被捕後，曾趁隙於大橋頭逃逸出來，之後聯繫上徐懋德等幹部，要求徐懋德處理

完交接後迅速離台。徐懋德於口述中回憶，他原本想將組織交給另一位名為林英傑的幹部，不料林英傑已被特務逮捕（後判死刑）。之後，他將組織專交給原本領導台北市教師工作的李水井便迅速離台。李水井是朴子人，二戰期間曾前往中國重慶，自發的投入國府的抗日陣營，並於 1946 年返回台灣，曾短暫在朴子任教，隨後到台北擔任大同中學與建國中學教師。他因為有感於「光復」後的時局惡化與「二二八」處置不當，最後轉而投入地下黨。在上述的歷史轉折下，1950 年春天，李水井接收了「學委會」絕大多數成員的聯繫工作。

● 「學生工作委員會」的崩解

1950 年 5、6 月，蔡孝乾於嘉義第二次被捕，此後蔡孝乾崩潰，交出組織重要幹部名單，進而導致李水井曝光被捕。李水井受特務誘騙，誤以為「坦白後大家都能感訓處置」，因此將整個學委會交出，至今檔案中仍可見李水井親手繪製的詳細系統圖。李水井深信特務的說法，認為只要坦白，「學委會」的眾人都可以獲判短暫的感訓，便釋放回家。

政治犯巫金聲回憶，當時台北案的盧志彬（後死刑）等人曾於牢房勸李水井謹慎，李水井卻相當樂觀。直到眾人送往青島東路

「保安司令部軍法處」等候判決時，李水井目睹每隔幾日就有政治犯叫去槍決的場景，方知判決嚴厲，驚覺自己被騙。根據同案的台大地質系學生葉雪淳（後繫獄 15 年）回憶，李水井於軍法處時憤怒的感嘆：「如果特務的話是騙人的，這世界上沒有比這個更臭的東西，比屎還臭…」。

1950 年 9 月 16 日，保安司令部宣判李水井、楊廷椅、陳水木、陳金目、王超倫、葉盛吉、賴裕傳、鄭澤雄、吳瑞爐、鄭文峰、黃師廉等人死刑，其餘人等處 15 年至 5 年徒刑。此後官方持續獵捕「學委會」的在逃者，直到 1954 年 8 月 24 日判決了台大法學院支部的葉城松、張璧坤等相關案件後，緝捕「學委會」的行動才告一段落，但已造成了數以百計的台大、師院學生或死或囚。

1949 年春天發生的「四六事件」，常被稱為「戰後白色恐怖的濫觴」。但在此次事件中，軍警雖直接進入校園逮捕學生，卻沒有學生在事件中因此死亡。但 1949 年秋天「光明報」事件爆發後，地下組織隨之曝光，參與了地下黨的學生開始陷入恐慌，掀起另一波逃亡潮。而 1950 年李水井被捕後，學委會崩潰，此後的數年間，持續在台大、師院的學生因故被捕，或死或囚，造成的傷害更加劇烈。時至今日，社會大眾對於「四六事件」已有較多認識，但對於更深刻地造成北部大專學生死傷的「學委會案」認識卻依舊有限。

這批充滿對社會關懷、鄉土熱愛的學生，在出獄後也歷經了艱難的
求職之路，並有不少當事者留下了回憶錄、訪談等文字，留給我們
探索戰後初期學生運動的重要線索。

辦事清明的
法官

文／房慧真

審修／何友倫、黃丞儀

教學提示：

1 白色恐怖時期的執法者，面對不正義的法律究竟
要遵守還是挑戰？

參考資料：

柏拉圖，王曉朝譯《柏拉圖全集》（卷一），左岸文化，2003
陳英泰，《回憶，見證白色恐怖》，唐山出版社，2005
謝孟達，《生死之間：戒嚴時期政治案件死刑判決之研究》，政治大學國家發展研究所，2012
顏世鴻，《青島東路三號：我的百年之憶與台灣的荒謬年代》，啟動文化，2012
呂蒼一等，《無法送達的遺書：記那些在恐怖年代失落的人》，衛城出版，2015
張炎憲等，《風中的哭泣：五〇年代白色恐怖政治案件》，吳三連台灣史料基金會，2015
藍博洲，《幌馬車之歌》，時報出版，2016
不義遺址資料庫：https://hsi.nhrm.gov.tw/home/zh-tw

　　回溯施水環走向死亡的「旅程」,在 1954 年 7 月 19 日,因「台南市委會郵電支部案」（以下簡稱「台南郵電案」）被捕,在 10 月轉押至位於台北市青島東路的台灣省保安司令部軍法處前,大約經歷了兩個半月的偵訊。 參考:〈郵電工作委員會〉、〈施水環〉

　　叛亂疑犯先在台南就近初步訊問後,隨即移往台北,審訊單位橫跨軍、警、特務體系。例如送往延平南路的國防部保密局南所,此處以使用酷刑羅織罪名而聞名；又例如寧夏路的刑警總隊居留所,此地有刑求專用的「水牢」伺候；或者送往涼州街的憲兵司令部軍法處看守所,駐紮於此的「憲四團」,為 228 事件的鎮壓部隊之一,在 1950 年代之後也是槍決政治犯的執行者,下手必定不留情。

　　施水環在偵訊期間遭受酷刑,右眼受創腫大,10 月 1 日轉押至俗稱「東所」的軍法處,始進入「判決階段」。在等待判決期間,官方允許被捕者與外界親友通信,規定書信只能用中文撰寫,和家裡人平時以日語交談的施水環,不得不使用彆腳的中文寫親密的家信。

　　在第二信中,施水環寫到: 媽媽您不要煩惱,我們期待辦事清明的法官,給無辜的我們,澄清這次遭遇的災難,我們是善良

的老百姓，我們一輩子不敢做違背政府法令的事。」

施水環在信中提及「辦事清明的法官」，最終她所仰賴的清明法官仍然判了她死刑，在 1956 年 7 月 24 日被槍決。施水環的同鄉，1951 年因「省工委台南市委會案」入獄的 22 歲台南青年曾錦堂，在寄給父母的家書也說：「兒相信神聖的法官絕不會冤屈一個年輕無知的學生，所以請勿過於掛意。」清明的法官、神聖的法官，分別給了這兩位前途正好的青年男女「唯一死刑定讞」。

●白色恐怖中的「法官」

無論是施水環提及的「辦事清明的法官」或是曾錦堂說的「神聖的法官」，我們首先應注意的是，這些法官到底是什麼人？他們在軍事審判的體系中扮演什麼角色？與一般的法官有何不同？

《中華民國憲法》中有關法官的規定在 80 條與 81 條，要求法官必須依法獨立審判，因而擁有終身職的保障。一般來說，獨立審判是法治國家相當重要的原則，不然不需要特別寫入《憲法》，而終身職的保障，則是為了維持法官獨立的一種制度設計，否則有人動輒將法官免職，不免有操縱影響審判的可能。然而依照陸海空軍審判法或後來的軍事審判法，軍事判決最終都要交給長官核定與覆

議，前述的曾錦堂原判決處 15 年有期徒刑，國防部參謀總長周至柔主張改為死刑，蔣介石總統大筆一揮：如擬。上級長官干涉量刑，豈不是干涉法官審判獨立？

這個爭議來自軍事審判與普通法院的差異，軍事審判的體系，因講究長官部屬之間的紀律與服從，所以處罰特別嚴厲，而且為了保障統帥的權力，特定案件的判決交由最高軍事長官──身兼三軍統帥的總統核定，如果長官不同意，可以發交覆議。因此軍法官是不是審判獨立，根本的問題是軍事審判制度到底比較重視司法的原則，還是重視軍隊的統帥權力？

不過，施水環為什麼會掉進軍事審判制度呢？依照《憲法》第 9 條的規定，軍人以外的人不受軍事審判，這是基本原則，然而當國家宣布戒嚴，根據訓政時期公布的《戒嚴法》第 8 條規定，平民觸犯刑法內亂、外患等罪，軍事機關有權審判。也就是因為這條規定，使得戒嚴時期的政治案件幾乎都是由軍法機關進行追訴和審判。 ▼ 參考：《超級大國民》〈戒嚴體制〉

由此我們可以瞭解，不管是施水環期待的辦事清明的法官、或是曾錦堂相信的神聖的法官，這裡的法官都是軍法官，與我們現在遇到的法官是不同的審判體系。然而這並不是說這些被稱為法官

的人，可以胡作非為，不受法律拘束。被國家賦予審判權力的人，仍應恪守憲法要求的，依據法律獨<u>立</u>審判。

●法官如何辦事清明？

我們應該特別注意，施水環以「辦事清明的法官」期待自己即將面對的審判，是很悲傷的說法。因為法官本來就應該辦事清明，憲法賦予他們如此重要的責任，如果還要特別期待，豈不暗示著當時負責審判叛亂案件的法官，普遍受到黨國體制的汙染，無法扮演一個稱職裁判？

自從英國光榮革命、法國大革命以後，現代國家相繼興起，不管是採取君主立憲抑或民主共和，制衡獨大的權力，一直是現代憲政主義的終極目標，其中尤以權力分立最為重要。依照一般的理解，國家的權力可以區分為三種性質，分別為立法、行政與司法，彼此相互制衡。

法官代表司法權，依照憲法以及立法機關通過的法律，對行政權進行監督、節制，保障人民的基本權利。換言之，法官做出的裁判，必須以法律為依歸，超越不同的政治立場或黨派。這也是我國憲法規定，法官必須依據法律獨立審判的緣由。若法官憑藉自己

的好惡、意識型態進行審判工作，甚至遭受外力影響，為當權者服
務，則權力分立的機制將嚴重失效。

　　順著施水環的期待，我們可以思考在她的處境之下，法官如
何辦事清明？除了法官必須依據法律獨立審判之外，審判的過程也
有許多應該留意的地方，例如施水環有沒有遭受刑求？她的辯護人
有沒有確實地幫她辯護？調查有沒有完備？證據是否符合取證法
則？自白不得作為唯一證據。簡單來說，法官必須檢視程序上有沒
有符合公平審判的原則，因為這些都是節制國家權力的具體規定。
在起訴罪名方面，也應該注意施水環被指控的行為，是不是真的構
成叛亂罪，不能曲解叛亂罪的解釋，即便控訴罪名與所有程序均符
合法律規定，也應該思考處罰是否合宜、符合比例，因為刑罰的權
力為國家所單獨擁有，必須謹慎地使用。以上條件都符合的話，才
可以被稱為「辦事清明的法官」。

● 法律與良心

　　歷史不會記得只遵守法律的人，事實上，在面對威權或極權
國家的法律時，我們更需注意到法律是統治者所公布，並非經由正
常的民主程序制訂。因此，我們總會深受那些遵守內在良知而非制
定法，試圖反抗威權或極權統治的行為所感動。二戰結束後審理德

國納粹戰犯的紐倫堡大審中，可以看到許多戰犯以自己只是遵守和執行納粹時期制定的法律，為自己辯護。這個理由，自古以來一直饒富哲學討論的價值，我們替換成白色恐怖時期的法官也有同樣的意義。法官是不是依法審判就足夠了？當法律與良心產生衝突的時候，我們該怎麼辦？以是否遵守法律而聞名的例子，是柏拉圖筆下，被雅典人判死刑的蘇格拉底。蘇格拉底被雅典人民以不虔誠與腐化雅典年輕人判處死刑，許多人不忍心雅典偉大的哲學家因此而死，紛紛試著在不同階段協助蘇格拉底躲避制裁。在監獄中，克力同以許多不同的理由說服逃獄，例如生命比法律重要、蘇格拉底被法律不正當地對待，蘇格拉底則以不同的層次說明他為什麼要遵守法律，並提到他過去有機會離開雅典，他選擇留下，代表他與雅典有一個契約，他必須信守承諾，維護法律的權威。最後蘇格拉底留在獄中，服下毒藥而死。

　　當法律與良心或道德產生拉扯，個人是否遵守法律有截然不同觀點。但是，「辦事清明的法官」是否意味著法官只能適用當時有效的制定法，而沒有更上位的規範可以作為審判的依據？法官是不是只要注意程序面的公平審判，就可以被稱為「辦事清明的法官」？在當代的脈絡下，我們可以討論：對遵守法律而言，法律必須是由多數民意支持的立法機關通過，因此法官其實是在執行多數人民所偏好的法律。但是當代憲政主義底下，還有所謂「違憲審查」

的機制，賦予大法官否定法律效力的權力。因為多數決有時候會侵害少數人民的基本權利，因此需要大法官來審查法律是否符合自由民主憲政秩序。因此，所謂「良心」、「道德」或「自然法」等抽象規範，都已經被憲法當中的自由民主憲政秩序所涵括，除非大法官被掌權者操縱，司法審查無法有效運作，這時候，我們就可以考慮法律之外還有其他更崇高的價值。納粹與東德的轉型正義經驗，援引了法律以外的價值，重新評價國家的不法行為，並且對於負責執行不正義的法律的官員，也進行審判。（註）

● 白色恐怖中的死刑

　　白色恐怖時期極少出現法官挑戰法律，他們可以做的是在不同的刑度之間挑選懲罰政治犯的手段，是有期徒刑十年？還是判無期徒刑，永遠與社會隔離？甚至判處死刑，以儆效尤？當然有時候，軍事審判人員只是國民黨與共產黨鬥爭下的橡皮圖章。死刑中的生命消逝，在國共鬥爭之下，從來只是輕如鴻毛，因為過去在中國的內戰，動輒千萬人的死亡，使得人的價值不再被重視。

　　從 1949 至 1981 年間，有 811 個政治犯被判處死刑（1982 年後，不再有叛亂案件之死刑判決），高達 93％ 的 757 人，罪名為《懲治叛亂條例》第二條第一項（一般稱為「二條一」）的叛亂罪。惡名昭

彰的「二條一」，包括普通內亂罪以及暴動內亂罪，兩者的區別端視行為是否以暴動為手段。若以和平手段（以言語、文字非武力方式顛覆政府）犯之，則屬普通內亂罪。簡言之，普通內亂罪的處罰對象為思想犯，其構成要件十分含糊：「意圖以非法之方法顛覆政府而著手實行。」條文缺少犯罪的具體行為要件，僅有「著手實行」的寥寥數語。 參考：《超級大國民》〈二條一〉

　　死刑的高峰期出現在 1950 年代前期，1950 年至 1955 年，共有 693 人遭到處決。1956 年仍有 24 個叛亂犯被判死刑，包括「台南郵電案」的案首吳麗水，以及丁窈窕、施水環 3 人被處決。性別比例方面，女性有 17 人，男性有 790 人，性別不詳的則有 4 人，這或許反映了政治案件中官方看待性別的某種偏見，然而我們在這 17 人當中仍然可以看到女性在政治鬥爭中的主體性，例如計梅真、錢靜芝二人透過國語補習班，辦理工人教育，團結基層工人，二人因蔡孝乾供出組織關係，雙雙命喪馬場町。 參考：〈女性政治受難者〉

　　死刑案件共 291 案，本省籍有 594 人，外省籍有 213 人，研究指出，案子同時包含本省籍與外省籍只有 36 案，只有外省籍的案子有 100 案，只有本省籍的案子只有 191 案。這些數字反映了一個現象，即當時本省、外省人彼此社會網絡的關係普遍來說並不密切。

　　從 1949 至 1981 年間，判處 811 名死刑的軍法官，大多來自於
台灣省保安司令部（1958 年改組為台灣警備總司令部）。保安司令部
情報處所審訊出的口供，同屬保安司令部的軍法官怎能質疑？包括
連大法官釋憲都作出有利當局、損害人權的解釋，在原本應公正中
立的司法網層層失手下，辦事清明的法官，終究只是夢幻泡影，不
存在於戒嚴時期的台灣。

註：法庭採用拉德布魯赫攻式，在這個理論之下，當法律符合難以忍受命題（法律
極端不正義）或是否認命題（立法者立法時有意違反正義的核心原則），則這個法
律不被認為是法律。執法者宣稱他們遵守法律的抗辯，自然也不是有效的。

韓戰

文／房慧真
審修／何友倫

教學提示：

1 韓戰和白色恐怖是否有關連？

2 冷戰是「自由世界」與「共產世界」的對抗，但
不乏看到許多國家以威權統治的方式對抗共產主義，
這種做法會不會對自由民主造成傷害？

參考資料：

張淑雅，《韓戰救臺灣？解讀美國對臺政策》，衛城出版，2011

曹欽榮、鄭南榕基金會，《流麻溝十五號：綠島女生分隊及其他》，書林出版，2012

布魯斯・康明思（Bruce Cumings），《朝鮮戰爭：你以為已經遺忘，其實從不曾了解的一段歷史》，左岸文化，2013

陳翠蓮，《重構二二八：戰後美中體制、中國統治模式與臺灣》，衛城出版，2017

林孝庭，《意外的國度：蔣介石、美國與近代臺灣的形塑》，遠足文化，2017

大衛・哈伯斯坦（David Halberstam），《最寒冷的冬天：韓戰真相解密》，八旗文化，2018

　　1956 年 7 月 22 日,在軍法處被關押 19 個月之後,施水環給姊姊寄出第 68 封家書,也是最後一封信,感謝家裡特地寄來台南家鄉的水果。信裡寫著:「上次要求一件花洋布是想要做送給一個小孩子的,所以要比較可愛的花樣,下次如有了,再請給我寄二碼來好嗎?」信中所提到的小孩子,指的是同案落難的好姊妹丁窈窕在獄中所生的小女兒,丁窈窕的小女兒在鐵欄杆後出生,也在這裡與母親死別,施水環寄出家書的兩天後,7 月 24 日,獄卒傳喚丁窈窕:「妳有特別接見。」丁窈窕以為有人來訪,就抱起女兒走向大廳。一到門口,獄方就把丁窈窕雙手反綁並上手銬,在這天,施水環、丁窈窕雙雙遭到槍決。 參考:〈施水環〉、〈丁窈窕〉

　　施水環、丁窈窕的遭遇,僅是 1950 年代初期白色恐怖的冰山一角。50 年代的前半段,特別是從 1950 到 1953 年,是臺灣白色恐怖迫害的頂峰,包括許多知名案件,例如 1950 年鍾浩東、蔣碧玉等人的「基隆中學案」;謝瑞仁、林書揚等人的「麻豆案」;山地工委會簡吉案、鐵路支部案、郵電總支部案、臺北電信局支部案等。1952 年則有黃溫恭的「臺灣省工委會燕巢支部案」;呂赫若、鄭定國等人的石碇「鹿窟基地案」;「虎尾地區工作委員會莿桐支部」郭慶等案,臺灣人民同盟案、臺北司機公會支部案,以及施水環弟弟施至成所牽涉的學生工作委員會等。 參考:〈學生工作委員會〉

●韓戰的背景

　　許多政治受難者的回憶錄或口述訪談都提到，當時的監獄雖然已經關押不少政治犯，然而許多人仍懷著共產黨即將解放臺灣的希望，然而韓戰爆發後，許多人對於未來感到悲觀，也就是這個時期，國民黨開始大量而密集地處決政治犯。這段時間發生的事情，我們可以有以下的問題：為什麼捉捕以及判刑人數會在 1950 至 1953 年達到高峰？為什麼過去常說韓戰救了風雨飄搖的中華民國？韓戰與白色恐怖的關係到底是什麼？

　　1945 年 8 月 15 號，日本宣布投降，二戰結束。駐日盟軍總司令麥克阿瑟（Douglas MacArthur）發出第一號總命令，在前日本殖民地朝鮮半島劃出一條分界線，以北緯 38 度為界，作為分區接受日本武裝部隊投降之用。戰後同盟國的兩大勢力美、蘇皆將勢力伸入朝鮮半島，在 38 度線以北，蘇聯紅軍長驅直入，並扶植金日成成立朝鮮民主主義人民共和國。在南方，美軍在朝鮮成立美國軍政權（在朝鮮美陸軍司令部軍政廳 United States Army Military Government in Korea，簡稱 USAMGIK），也扶植了擁有普林斯頓博士學位，長年流亡在外的李承晚，於 1948 年成立大韓民國。

　　戰後分屬美、蘇兩大陣營的冷戰氛圍逐漸形成，美國總統杜

魯門（Harry S. Truman）為了圍堵史達林（Joseph Stalin）的共產衛星國不斷增加，在 1947 年 3 月 12 日在國會發表對抗共產主義的演說，先後讓國會撥款 4 億美元，支援希臘、土耳其對抗共產主義，並落實戰後歐洲重建的馬歇爾計畫。為了強化美國在冷戰中對抗共產主義，杜魯門在 1947 年簽署《國家安全法案》，對政府雇員的背景進行忠誠調查。

　　1950 年，參議員麥卡錫（Joseph McCarthy）發表演說，聲稱有一張紙，上頭記錄了為國務員工作的共產黨人名單。一系列反共委員會、忠誠審查會在聯邦以及州政府林立。在美國國內，麥卡錫主義的反共情緒高漲，在這個人權立國的國家，以反共之名行迫害之實，1950 年韓戰開始的時候，美國共產主義人士朱利亞（Julius Rosenberg）和伊瑟·羅森堡（Ethel Rosenberg）夫婦被指控為蘇聯竊取美國原子彈，在 1953 年被判處死州，是冷戰期間僅有的因間諜活動而遭到處死的美國公民。

　　在共產主義陣營這方，1949 年秋天，蘇聯成功進行原子彈試爆，打破了美國的核子壟斷，二戰時期在長崎、廣島投下原子彈的美國，再也不是世界上唯一擁有核武的國家。同時間，國共內戰中蔣介石的國民黨政府節節敗退，終於丟失大片江山，在 1949 年底撤退到臺灣。中國共產黨在內戰的最終勝利，進一步刺激金日成的

渴望,他認為該輪到自己大顯身手。1950 年 1 月,在為北韓駐華大使所舉行的餞行午宴上,金日成再次對蘇聯大使館的官員表明,「中國已經解放了,現在是解放南韓人民的時候。」

1950 年 6 月 25 日,金日成以統一祖國為藉口,揮軍南侵。金日成的盤算是,美國不會干涉朝鮮半島內戰,一如在蔣介石與毛澤東的國共內戰,美國最初雖然支持蔣介石,但蔣政權的腐敗,導致美國後來並未堅定支持蔣政權,甚至嘗試找出替代方案。然而1949 年蘇聯試爆原子彈後,國際政治已扭轉向美蘇兩大國壁壘分明的形式。對於美國及其他西方國家來說,韓戰的意義不是一場內戰,而是一次越過國界的進犯,他們很容易聯想到,西方國家因為沒有及時阻止希特勒的侵略行為而引發第二次世界大戰。

美國總統杜魯門以及國家安全委員會都認為,北韓越過北緯38 度線,是對聯合國憲章的公然挑釁,《最寒冷的冬天》作者大衛‧哈伯斯坦(David Halberstam)提到:「這一代人的國家安全意識均由二戰鑄成;北韓的舉動無疑激起他們腦海中有關二戰初期的某種回憶,正是民主國家的縱容態度導致了侵略的蔓延。」

● 韓戰與臺灣

美國不打算袖手旁觀，杜魯門授權美軍攻擊朝鮮人民軍，6 月27 日並宣布由第七艦隊協防臺灣，執行臺灣海峽中立化的政策。此舉無疑是介入國共內戰，干涉中國的內政，為了合理化這個舉動，美國向蔣介石遞交一份聲明，表示臺灣地位未定，讓蔣介石憤怒不已。這個時刻臺灣確實處在命運的轉捩點，因為美國對臺灣的態度牽動著國民黨政權在臺灣能否穩定。若東亞的情勢趨於穩定，國民黨可能成為美國遠東政策的棄子，蔣介石把南北韓的衝突視為扭轉劣勢的良機，因為中國境內的戰爭甫結束，國民黨在臺灣的統治，隨時可能被渡海而來的共產黨終結，唯有遠東持續的軍事衝突，可以確保國民黨的安危，蔣介石絕不樂見和平。

韓戰爆發後，蔣介石曾自告奮勇向美國表態願派陸軍三個師、飛機二十架參戰，但美國國務卿艾奇遜（Dean Acheson）堅決反對，擔心此舉會擴大戰事，也與美國藉著臺灣地位未定論派遣第七艦隊執行臺灣海峽中立化的精神不符。支持蔣介石參戰而與美國華盛頓持反對意見的是駐日盟軍總司令麥克阿瑟，韓戰爆發後，麥克阿瑟搭乘專機從東京飛往臺灣，令蔣介石受寵若驚、盛情款待。麥克阿瑟認為美國應該支持所有反對共產黨的人，而美國低估了臺灣的軍事重要性，他在一場演說中提到：「美國可以以臺灣為中繼站，用

空軍控制從海參威到新加坡的每一個亞洲港口，進而阻止任何太平洋地區敵對美國的行動。」早在韓戰爆發前的 5 月 29 日，麥克阿瑟即向美軍參謀首長聯席會議遞交了一份著名的備忘錄：「一旦美國和蘇聯之間的戰爭爆發，臺灣島對於美方的戰略價值，有如一艘『永不沉沒的海上航空母艦』。臺灣處於極佳的戰略地理位置，這將有利於美方在亞太地區牽制蘇聯繼續擴張，並使得美軍的遠東指揮部前線發揮極大作用。」

1950 年 9 月 15 日，以美軍為首的聯合國部隊在距離首爾不遠的仁川港登陸，聯合國部隊參戰後，朝鮮人民軍對這場外力干預的內戰無絲毫勝算，直到在史達林的示意下，毛澤東在 10 月也決定參戰，中共採志願軍的稱呼，首先派遣 12 個師，在戰場上與敵人形成 4 比 1 的人數優勢，以抵消美軍強大的火力優勢。中共採取人海戰術，派去朝鮮戰場的兩百萬人民志願軍，是毛澤東不要的前國民黨軍，國共內戰中的戰俘。

一般認為，蔣介石的盤算是，藉由朝鮮半島的衝突升級，讓美、中（華民國）結盟對抗共產陣營的蘇、中（華人民共和國）體制，進而反攻大陸，收復失土。然而根據最近的研究，我們會發現蔣介石似乎並不熱衷「光復大陸」，反而將韓戰視為鞏固國民黨政權與他個人在臺灣的統治地位的槓桿。確實，臺灣在反共戰略地位

的提升，與蔣介石個人的權力地位穩固是兩回事，如何透過韓戰取得美國的支持，進而鞏固國民黨的實力，或許是蔣介石優先的考慮。

● 韓戰與白色恐怖

韓戰與白色恐怖的關係，可以從國民黨統治臺灣是否穩固的角度切入。國民黨政府退守台灣之後，儘管仍掌握中國沿海許多島嶼，且有為數不少滯留越南、緬甸的國軍，然而部隊的後勤補給或是武器均仰賴美國的支援。韓戰爆發後，美國以第七艦隊執行臺灣海峽中立化的政策，讓國共內戰緩和下來，然而隨著中共派遣志願軍參戰，朝鮮半島的戰事陷入膠著，國內強力主張對抗共產黨的聲音不斷，促使美國重新評估國民黨政權作為亞洲反共先鋒的可行性，中國沿海的島嶼逐成為敵後工作的重要據點。美國中央情報局透過西方公司的名義，以檯面下的方式提供外島游擊隊數量可觀的軍火，並且成立訓練中心，開設游擊、敵後工作、戰鬥情報等訓練班課程。

國民黨政府與西方公司秘密合作的沿海突襲行動的實質報酬率雖然不高，卻可以維持「光復大陸」的政治口號，是一個利大於弊的宣示性行動。1953 年韓戰趨緩，交戰雙方準備簽署停戰協定

之際，國民黨政府突然空投傘兵至東山島，預計透過兩棲登陸作戰，肅清該島的共黨勢力，然而嚴重的失誤讓作戰以慘敗收場。東山島之役的失敗，加上朝鮮半島局勢趨緩，讓西方公司與臺灣當局的秘密合作畫下休止符，之後國民黨政府也被迫答應美方的要求，不在未得美方同意前發動軍事行動。1954 年《中美共同防禦條約》生效，臺灣作為國民黨政權的最後根據地，獲得法理上的保障。「中華民國在臺灣」因著國共內戰的局勢而形成，但是「中華民國在臺灣」的鞏固，卻是韓戰後續一系列地緣政治的角力，美國在韓戰後不只在軍事上支持臺灣當局，也確立了臺灣作為圍堵共產勢力的第一島鏈。

韓戰提升了國民黨政權在世界反共陣營的地位，然而臺灣的白色恐怖，除了是符合美國利益的反共意識形態，也參雜了特務政治。二戰後首先進入臺灣的是美國的特務系統。1950 年 2 月，美國退休海軍上將柯克（Charles M. Cooke）以「私人顧問」身份前來臺灣協助防衛，並以「特種技術顧問團」在台活動，成為蔣介石最信任的人之一，且全面影響蔣介石對於國防與安全政策的制訂與執行。柯克與蔣介石有舊交情，早在 1946 年柯克擔任美國太平洋第七艦隊指揮官時，就曾和蔣介石、軍統負責人戴笠等國民黨高層密切合作。

戴笠在西方有「中國希姆萊」的稱號，希姆萊是納粹黨衛軍的首領，戴笠在渡海前的國民政府為蔣介石發展特務體系，心狠手辣，寧錯殺而無赦，臭名遠播。戴笠雖然在 1946 年就因飛機失事而猝逝，但其所留下的軍統情報體系，仍隨著蔣介石渡海來台，在 50 年代，外有美蘇冷戰，內有 1947 年剛發生的 228 鎮壓，「反共剿匪」成了壓制異己並討好美國，至高無上的尚方寶劍，讓施水環、丁窈窕等多少青春勃發的無辜生命葬送其中。

自此我們可以知道，美蘇的冷戰與國共的內戰無法切割看待，國民黨政權退守臺灣後得以穩固，並且在爾後冷戰中成為華人世界的「自由榜樣」，與美國的支持密不可分。從結果來看，韓戰穩固國民黨政權的國際地位，也同時引入美國的資源，協助臺灣當局進行反共的鬥爭，但我們會發現與其將韓戰直接與國民黨連結，不如說是美國在遠東的反共需求，與臺灣的命運綁在一起，只是不巧地，那時候最有實力統治臺灣的人是蔣介石與國民黨政權。再者，所謂韓戰救了中華民國，或許只說對了一半，因為另一半，是臺灣許多心繫祖國解放的左翼份子、或是批評當權者的異議份子，在白色恐怖中喪失了性命。

電影裡的人權關鍵字

第六十九信
Letter #69

國家圖書館出版品預行編目 (CIP) 資料

電影裡的人權關鍵字：第六十九信 / 蔡雨辰主
編 . -- 初版 . -- 臺北市：奇異果文創 , 2020.1
　　面；　公分 . -- (思影像；1)
ISBN 978-986-98561-2-6(平裝)

1. 人權 2. 影評 3. 文集

579.2707　　　　　　　　　　　108022551

策　　　畫：國家人權博物館、富邦文教基金會
總 編 輯：陳俊宏
作　　　者：何友倫、林傳凱、房慧真、馬翊航、路那、溫席昕（按姓氏
　　　　　　筆畫排列）
編輯委員：冷彬、陳俊宏、陳佩甄、孫世鐸、張維修、黃丞儀、黃惠貞、
　　　　　　楊詠齡、劉麗媛（按姓氏筆畫排列）
主　　　編：蔡雨辰
設　　　計：夏皮南
印　　　刷：晶華彩印
製　　　作：沃時文化有限公司

出版：奇異果文創事業有限公司

地址：台北市大安區羅斯福路三段 193 號 7 樓 | 電話：（02）23684068 |
傳真：（02）23685303 | 網址：https://www.facebook.com/kiwifruitstudio |
電子信箱：yun2305@ms61.hinet.net

經銷：紅螞蟻圖書有限公司

地址：台北市內湖區舊宗路二段 121 巷 19 號 | 電話：（02）27953656 |
傳真：（02）27954100 | 網址：http://www.e-redant.com

初版：2020 年 1 月
ISBN：978-986-98561-2-6 （平裝）
定價：新台幣 220 元